Invadindo o ensaio com Fred Falcão

Denilson Monteiro

Invadindo o ensaio com Fred Falcão

Uma biografia em primas e bordões

MATRIX

© 2019 - Denilson Monteiro
Direitos em língua portuguesa para o Brasil:
Matrix Editora
www.matrixeditora.com.br

Diretor editorial
Paulo Tadeu

Capa, projeto gráfico e diagramação
Allan Martini Colombo

Revisão
Adriana Wrege
Cida Medeiros

CIP-BRASIL - CATALOGAÇÃO NA PUBLICAÇÃO
SINDICATO NACIONAL DOS EDITORES DE LIVROS, RJ

Monteiro, Denilson
Invadindo o ensaio com Fred Falcão / Denilson Monteiro. - 1. ed. - São Paulo: Matrix, 2019.
200 p. ; 23 cm.

ISBN: 978-85-8230-588-1

1. Falcão, Fred, 1937-. 2. Compositores - Brasil - Biografia. I.Título.

19-59908
CDD: 927.8164
CDU: 929:78.071.1(81)

Leandra Felix da Cruz - Bibliotecária - CRB-7/6135

Invadindo o texto do Denilson para dedicar esta biografia à minha mulher, Vera, parceira de vida nas boas e nas divididas.

Aos meus filhos Flávia e Frederico e aos meus netos Clara, Elisa, Julia, Francesco e Pietro.

Fred Falcão

SUMÁRIO

Prefácio 9
CAPÍTULO 1
Sem ser convidado. 11
CAPÍTULO 2
Entrando no campo da vida 15
CAPÍTULO 3
Um Mozart na Estelita Lins 24
CAPÍTULO 4
Rei do taco 31
CAPÍTULO 5
No jardim das delícias 37
CAPÍTULO 6
Com fome de música 41
CAPÍTULO 7
Onda nova 47
CAPÍTULO 8
Terá feliz o coração 52
CAPÍTULO 9
A astrologia de Voleid 57
CAPÍTULO 10
A nossa bossa vale 61
CAPÍTULO 11
Nu com a minha música 69
CAPÍTULO 12
Mais tentativas de invasão 73

CAPÍTULO 13
No novo filão 77
CAPÍTULO 14
Internacional 105
CAPÍTULO 15
Música para vender 113
CAPÍTULO 16
Ainda a "chama festivalesca" 117
CAPÍTULO 17
A próxima atração 120
CAPÍTULO 18
Conhecendo o "louco de Niterói" 125
CAPÍTULO 19
O falcão da Von Martius 131
CAPÍTULO 20
O pavio curto do Nonato 141
CAPÍTULO 21
Sem violão na mão esquerda 144
CAPÍTULO 22
Coração enganador 149
CAPÍTULO 23
Cavalheiro de fina estampa 156
CAPÍTULO 24
Ser feliz 160
CAPÍTULO 25
Encontros e parcerias 167
CAPÍTULO 26
Os saraus do Fred 172
CAPÍTULO 27
Alçando um novo voo 179
CAPÍTULO 28
As músicas que faltavam 186
CAPÍTULO 29
O molotov musical 191
CAPÍTULO 30
Uma alucinação 195

Referências bibliográficas 199

Prefácio

Todo compositor de boa clave e de músicas de sucesso, como é o caso de Fred Falcão, deveria ter sua biografia publicada.

Digo isso porque, quase sempre, atribui-se a autoria da música ao intérprete. Culpa, evidentemente, das rádios, televisões e até mesmo da mídia impressa, que se esquecem de que sem a criação musical não tem intérprete, não tem arranjo, não tem disco, não tem nada.

A biografia de Fred Falcão, que aqui se tem, resgata a importância da obra desse grande autor. E, acompanhada de fatos históricos, conta sua trajetória artística.

Sem embargo, ouso dizer que é um "livro musical" muito bem obrado por seu biógrafo, Denilson Monteiro.

Se mais não digo, é porque não quero tirar do leitor o prazer de se surpreender, a cada página, com os acontecimentos de uma vida tão auspiciosa.

Sem dúvida, a leitura deste livro aumentou ainda mais minha admiração por Fred.

Paulo Sérgio Valle
Compositor e escritor

1 Sem ser convidado

Fred, advogado formado pela Universidade do Distrito Federal, trabalhava como auxiliar forense na Procuradoria Geral do Estado, na Avenida Erasmo Braga, nº 118, edifício Estácio de Sá. Naquele dia, fez o foro mais cedo; não foi às 13h, o horário habitual. Fazer o foro era ir a todos os cartórios a fim de acompanhar o andamento dos processos, conversando com os escreventes, de quem já se tornara íntimo. Ele passou pelas quatro varas da Fazenda Pública, recebeu os carimbos nos processos e fez as anotações necessárias no fichário.

Foro feito, Fred voltou à Procuradoria para entregar a documentação e também apanhar seu Di Giorgio, o violão que ganhara da mãe em seu recente aniversário de 28 anos. O motivo de ter feito seu trabalho mais cedo naquele dia era um encontro muito importante que teria na parte da tarde. Para isso, cumpriu todas as suas obrigações, despediu-se dos colegas de seção e partiu, carregando o instrumento na mão direita e na esquerda sua pasta recheada de documentos. Na rua, avistou um táxi e fez sinal.

– Meu amigo, por favor, me leve até o Leblon – deu a ordem ao motorista.

Era no bairro da Zona Sul carioca que tinha seu compromisso. Entre as partes envolvidas no tal compromisso, só ele sabia que iria acontecer. Paixão bem mais antiga do que sua vocação para o Direito, a música chegara na vida de Fred. Primeiro como ouvinte de programas de rádio e discos, depois como músico, se apresentando como acordeonista e pianista em alguns bailes e casas da cidade e participando de canjas em meio a outros músicos. Recentemente, começara a se aventurar como compositor – sua primeira canção se chamava "Você pediu um samba", que logo de cara inscreveu no II Festival de Música Popular da TV Excelsior. Embora tenha sido uma das escolhidas dentre milhares de inscritas, a canção não chegou à grande final.

Fred compôs uma segunda canção, "Vem cá, menina", um samba sincopado, com influência do jazz que ouvia desde a adolescência, uma bossa-nova. Ele costumava pegar o violão, dedilhá-lo e cantar sua segunda obra para os amigos, que, após ouvirem, teciam elogios que faziam com que alimentasse o sonho de um dia vê-la estampada no selo de um disco, coisa que não foi possível com "Você pediu um samba".

Sim, Fred passou a imaginar sua canção na voz de um intérprete famoso, tocando nas vitrolas e rádios do todo o país. Na verdade, sonhava em ouvir "Vem cá, menina" interpretada a quatro vozes.

Formado por Severino Filho, Badeco, Luiz Roberto e Quartera, Os Cariocas era um dos mais importantes conjuntos vocais da música brasileira. Acumulavam sucessos como "Samba do Avião", "Ela é carioca" e "Valsa de uma cidade". Fred era um dos vários fãs do quarteto, e ter sua primeira canção gravada por eles virou uma verdadeira obsessão. Ambição demais ter logo a segunda composição gravada por artistas tão importantes? Poderia até ser, mas por que também deveria ser com alguém obscuro?

Com o apuro de um detetive, o rapaz procurou de todas as formas descobrir uma maneira de chegar até seus quatro ídolos. Nos jornais, acompanhava os passos do grupo, esperando que houvesse algum show. Esse seria o modo mais fácil. Bastava ir ao teatro ou boate onde fossem se apresentar, aguardar o final do espetáculo e correr até o camarim para falar com os quatro. Mas não saía nada sobre um novo show dos Cariocas. A única notícia era que eles estavam preparando um novo LP, que se chamaria "Passaporte", o que deixava Fred ainda mais agoniado. Sua música tinha de entrar nesse disco.

Finalmente, alguém lhe deu uma importante contribuição para sua busca: o endereço de Severino Filho. O maestro, líder de Os Cariocas, um cobra dos arranjos, morava num apartamento na Rua Cupertino Durão. Além disso, era lá que o conjunto costumava ensaiar para os shows e discos. Estava decidido, ia ser lá mesmo que Fred iria mostrar sua canção para eles.

Ele já tinha tudo muito bem planejado. Chegaria no apartamento de Severino, tocaria a campainha e, assim que o maestro abrisse a porta, se apresentaria. Logo depois, pegaria o violão e começaria a cantar. Encantado com sua música, o maestro iria convidá-lo para fazer parte do novo disco dos Cariocas. O resto seria o sucesso, com "Vem cá, menina" fazendo parte da programação de rádios como a Jornal do Brasil e a Tamoio.

O táxi fazia seu trajeto rumo ao Leblon e Fred ia cantarolando a canção. Queria tê-la na ponta da língua na hora em que fosse interpretá-la para o maestro. Também refazia sua fala, testando o melhor tipo de abordagem. E também mergulhava em elucubrações: "E se Severino não estiver em casa? E se estiver, mas não quiser me ouvir? E se ele quiser me ouvir?".

Quando o táxi chegou ao seu destino, Fred pagou o motorista e, com todo o cuidado para não bater seu violão, foi saindo do veículo. Na calçada, abotoou o paletó, deu uma ajeitada na gravata e se dirigiu à portaria do prédio.

–Bom dia. O senhor Severino Filho.

– Ah, sim, pode pegar o elevador ali no fundo do corredor.

Sem pestanejar, Fred seguiu a orientação do porteiro. O homem nem sequer avisou Severino pelo interfone sobre a chegada de um visitante. Certamente, devia achar que aquele rapaz todo alinhado, trazendo um violão, era algum músico amigo do ilustre morador do prédio. Quem sabe não pensou tratar-se de um novo integrante do conjunto? Sim, vai ver que Os Cariocas iam virar um quinteto.

No elevador, Fred olhava os andares passarem diante de seus olhos. Faltava pouco para seu momento de glória ou completo fracasso. Quando chegou ao andar onde morava o maestro, saiu e ficou diante da porta do apartamento, procurando coragem para tocar a campainha. Ouviu som de música vindo lá de dentro. Eram as quatro vozes e os instrumentos de Os Cariocas. Não só Severino Filho estava, como também o restante do conjunto. E ensaiando.

Depois de alguns momentos de indecisão, o dedo indicador direito de Fred apertou o botão da campainha, fazendo o dingue-dongue. Imediatamente, o som da música foi interrompido. Logo em seguida, a porta se abriu. Era o maestro Severino, que tinha uma expressão nem um pouco amigável. Não era difícil concluir que ficara aborrecido por ter sido interrompido no meio de um trabalho.

– O que que é?

Na infância, Fred sofreu com a gagueira, mas, na idade adulta, conseguiu superar o problema. Apenas em momentos de muito nervosismo, não havia santo que evitasse tropeçar nas palavras. E aquele era um desses momentos. Com muito esforço, conseguiu dizer que era um compositor que estava com uma canção que fizera para Severino e seus companheiros de conjunto.

– Mas, ô, garoto, você não viu que a gente está ensaiando? Nós paramos o ensaio por tua causa.

O rapaz começou a parlamentar com Severino a fim de ver se não perdia a viagem. Não podia deixar que todo o trabalho que tivera para chegar até ali resultasse em nada. Era mais do que o momento de usar sua lábia de advogado. Ou ao menos tentar.

– Mas é... é... é... é uma música que... que... que... foi-feita-para-vocês. Eu sei que vocês estão fazendo um disco chamado *Passaporte*. Eu... eu... sei que vocês vão fazer uma... uma turnê. Mas eu queria entrar... eu... queria-entrar-nesse-LP.
– Olha, já está tudo escolhido – Severino respondeu, secamente.
– Mas quem é que vocês es-es-colheram?
– Gilberto Gil, Chico Buarque, Roberto Menescal, Carlos Lyra.
Fred ficou ainda mais intimidado. O temor reverencial por ouvir o nome de tantos artistas que admirava surtiu efeito semelhante ao de uma paulada na cabeça, uma daquelas bem fortes, de deixar seu moral estirado no sinteco do apartamento do maestro.
Talvez, compadecido com a visão daquele rapaz nervoso – ou simplesmente procurando livrar-se de uma vez por todas de um chato –, da bateria que estava montada na sala, Quartera, que, além de cantar, era o responsável pelas baquetas do conjunto, interveio:
– Severino, deixa o garoto tocar...
Não foi possível para Fred identificar se Quartera dissera aquilo por achar que ele merecia a chance de mostrar a sua música ou se encontrara uma maneira de livrar-se da visita inesperada – Fred tocaria, Severino o despacharia e poderiam voltar ao ensaio. Mas o fato é que o maestro parou por alguns segundos, olhou para Fred e disse:
– Tá bom, garoto, toca aí.
Se era para despachá-lo logo ou não, Fred enfim tinha obtido a chance de mostrar sua música. E não ia se dar ao luxo de desperdiçá-la. Ele deixou sua pasta no chão, tirou a capa do violão, armou com os dedos da mão esquerda um mi maior no braço do instrumento, deslizou os da direita sobre as cordas de náilon e começou a cantar.

2 Entrando no campo da vida

Em Recife, a madrugada do dia 24 de abril de 1937 foi deveras movimentada na casa da Rua Bispo Cardoso Aires, nº 72. Mundica, mulher para lá de experiente no ofício de partejar, que trouxera ao mundo dezenas de pequeninos pernambucanos, cortava um dobrado para que o primeiro rebento da jovem Voleid enfim deixasse o ventre da mãe. A criança "coroava" – sua cabeça aparecia –, mas nada de sair.

Foi somente com o dia quase raiando, às 4h25 da manhã, que Mundica finalmente teve o bebê em suas mãos. Era um menino, que por pouco não nasceu no dia de São Jorge, quando, na noite do dia 23, sua mãe começou a sentir as dores. Mas, no lugar do santo guerreiro da Capadócia, foi o alemão São Fidélis de Sigmaringen, o "advogado dos pobres", o santo do dia dos futuros aniversários que Frederico Guilherme do Rego Falcão iria comemorar.

Lívio Augusto do Rego Falcão, o pai de Frederico, era fiscal de imposto e consumo. Começou tendo como área de atuação o estado do Pará, que percorria de barco. Ele se casou com Voleid em maio de 1936, quando a moça tinha 18 anos e ele, 23. Formavam um bonito casal: ele era um jovem de estatura mediana, com 1,70 m, cabelos castanhos e olhos cor de mel – lembrava o escritor Scott Fitzgerald nos tempos loucos de Paris, antes da devastação que o álcool lhe causou. Voleid tinha cabelos e olhos castanho-claros e um rosto suave, delicado como o de uma daquelas bonecas de porcelana importadas da França. Todos a achavam bastante parecida com a atriz norte-americana Margaret Lindsay, estrela de Hollywood de filmes como *Frisco Kid*, no qual contracenava com o astro James Cagney.

Antes do casamento, Voleid tinha estrabismo, que tratou de corrigir viajando para o Rio de Janeiro e submetendo-se a uma cirurgia reparadora realizada na Clínica de Olhos Paulo Filho, no bairro da Lapa. Ela subiu ao altar do jeito que queria, sem nada que maculasse seu brilho no primeiro dia da vida em comum que iria construir com seu amado Lívio.

O nome da jovem, Voleid, era uma combinação de letras extraídas do nome Leovigildo, seu pai. Formado em Direito pela Faculdade de Recife, ex-promotor da comarca de Pau d'Alho, também ex-delegado de polícia, Leovigildo Samuel da Silva Costa Júnior era poeta bissexto, amigo de outros dois bardos pernambucanos – Ascenço Ferreira e Olegário Mariano –, que tinha dois livros publicados, *Na vertigem da vida* e *Jazz Band*. Nesse segundo título, escreveu um poema homenageando a bonita filha.

> *Dona Voleid é muito moça ainda*
> *Entretanto, já vive na alta roda*
> *Por ser sempre elegante, sempre linda*
> *Traja somente no rigor da moda*
> *Fala o francês corrente*
> *Dona Voleid é muito inteligente*
> *Toca bem ao piano*
> *E toca a gente*
> *Aprecia-lhe a voz que é de soprano*

Com a chegada de Frederico, a alegria de Lívio e Voleid estava consolidada. Uma criança era a personificação da história de amor que os dois viviam. No futuro, quem sabe, não poderiam pensar em um irmão para o garoto? Ou numa irmã, uma pequenina Voleid para fazer par com Frederico, que certamente seria a imagem e semelhança do galante Lívio? Havia todo um futuro de muitas possibilidades, todas felizes. A família Falcão tinha alegria para dar e vender.

Entretanto, a vida cria as suas peças, muitas delas extremamente cruéis. Lívio baixou ao hospital com uma forte dor no estômago, uma insuportável sensação de queimação. Era uma gastrite que o levou imediatamente para a sala de cirurgia. Mas de nada adiantaram todos os esforços dos cirurgiões: o rapaz morreu durante a operação. Fazia vinte dias que seu filho havia nascido.

Desnecessário dizer que a morte de Lívio provocou uma reviravolta na vida de Voleid e do pequeno Frederico. Mãe e filho foram morar com os pais da jovem, o poeta Leovigildo e sua esposa, Maria Alita, na Rua São Salvador, bairro do Espinheiro. A casa pertencia à dona Ana Elisa de Oliveira Barros, avó materna de Voleid.

Uma viuvez tão traumática quanto a que sofrera fez com que Voleid fosse tomada por um enorme temor de que algo de ruim acontecesse com seu filho. O garoto acabou crescendo com uma excessiva proteção. Além disso, era paparicado por todos os membros da família, compadecidos de sua orfandade. Também tinha de ouvir constantemente as mulheres da família lhe dizerem, com ar piedoso:
– Coitadinho, não conheceu o pai...
Fred, como o garoto passou a ser chamado pela família, foi crescendo e, assim que aprendeu a falar, começou a querer saber como era Lívio. Pacientemente, Voleid reunia as fotos do marido e mostrava ao filho, contando todos os detalhes de que pudesse se lembrar. Apesar da sua pouca idade, o menino ouvia atentamente.

Os ouvidos do garoto também se voltavam para os momentos em que Voleid sentava-se ao piano que havia na casa de dona Ana Elisa e começava a tocar e cantar. Ele gostava de ficar ao lado da mãe observando seus dedos passarem pelas teclas pretas e brancas, produzindo sons, além de ouvir sua voz doce. Com o tempo, passou a acompanhar a mãe com aquele cantar de criança pequena que ainda está começando a conhecer grande parte das palavras.

Leovigildo, o Leo, como a família o chamava, tornou-se a figura paterna do pequeno Frederico. Ele – que, além de Voleid, tivera somente mais uma filha, Maria Auxiliadora – ficou muito apegado ao neto, que se tornou o varão que ele e Maria Alita não tiveram. Se as mulheres da casa cobriam o garoto de paparicos, o avô fazia isso em dobro.

Em meados de 1940, veio uma nova mudança na vida de Voleid e Frederico. Leo decidiu viajar para o Rio de Janeiro. Ele ia tentar a vida na capital da República. Em Recife, Leovigildo vinha exercendo a função de jornalista, e surgira uma oportunidade de trabalhar no jornal *A Noite*. Além de Alita, levou consigo no navio, que partiu da capital pernambucana e desembarcou no porto da Praça Mauá, Voleid e Fred. Na Cidade Maravilhosa, inicialmente, a família ficou hospedada no Cidade Hotel, na Rua do Catete, nº 196, no bairro de mesmo nome.

Maria Auxiliadora, a caçula de Leo e Alita, já se encontrava na cidade. Em maio de 1939, ela havia se casado com Lopo de Carvalho Coelho, um gaúcho radicado no Rio, funcionário do Ministério da Guerra. Os dois tiveram uma menina chamada Ana Maria, nascida em fevereiro de 1940. Lopo – que, além de funcionário público, também prestava serviços para alguns jornais da cidade – foi quem conseguiu por meio de seus conhecimentos a vaga no jornal *A Noite* para seu sogro, Leovigildo.

Leo entrou para a equipe de redatores de *A Noite*. Tornou-se um companheiro querido por todos os colegas de trabalho. Não havia tempo ruim para Leovigildo Junior na redação situada no arranha-céu da Praça Mauá, nº 7, pois, além de cuidar dos textos que tinha de escrever para o jornal, nunca se negava a estender sua mão amiga para quem lhe pedisse. Ele também fazia as vezes de repórter, saindo da redação atrás da notícia e de entrevistas com "gente grande", como o barão do jornalismo Assis Chateaubriand.

Era um avô coruja com os dois netos. Quando Anna Maria fez oito meses, ele conseguiu uma nota com direito a foto em *A Noite* para falar da menina. Com Frederico, que ele e Maria Alita ajudaram Voleid a criar, os paparicos eram maiores. No final do dia, quando chegava ao hotel, Leovigildo cumpria o compromisso que mais o satisfazia: cobrir o neto de mimos. Além de brincar com o garoto, trazia sempre um presente que ele adorava, a revista em quadrinhos *O Gury – Filhote do Diário da Noite*, uma das publicações dos Diários Associados de Assis Chateaubriand. No colo de Leo, Fred ficava maravilhado folheando as páginas da publicação infantil, vibrava com as aventuras planetárias de Flint Baker, "Os perigos de Nyoka ("Nyoka, the jungle girl"), "Mary Marvel" e "Bucky Rogers". Sempre que via Leovigildo chegar do trabalho, o menino corria até ele para levar seus chinelos. Mas, quando calhava de o jornalista chegar em casa e descobrir que o neto já se encontrava dormindo, ele não disfarçava seu desapontamento, reclamando com Voleid e Alita:

– Por que vocês deixaram ele dormir? Esse menino é a alegria da família.

Leovigildo não tinha sido o único pernambucano do jornalismo a tentar a vida no Rio de Janeiro. A Capital Federal contou com um grande número de profissionais vindos de Pernambuco que se tornaram responsáveis por um engrandecimento do jornalismo carioca. Era gente como Nestor de Holanda, dono de uma grande cultura musical e de um humor cáustico na mesma proporção; Fernando Lobo; e Antônio Maria, que, além do talento com a pena, ainda atuava como produtor de rádio.

Também no "sem fio", surgiu um pernambucano de Surubim chamado Abelardo Barbosa, que em dezembro de 1943 estreou na Rádio Club Fluminense o programa *Rei Momo na Chacrinha*. Começando às 23h, a atração se diferenciava das demais porque, em vez de prometer uma programação que faria o ouvinte ter um sono tranquilo, iria fazer com que todos que sintonizassem na PRD-8 ficassem acordados. Para isso, Abelardo contava com marchinhas carnavalescas que iriam incendiar os festejos de Momo que se aproximavam, truques de sonoplastia que davam a impressão de que o programa era transmitido diretamente de um baile e as falas mais sem sentido ditas pelo apresentador ("Alô, seu Venceslau, o senhor é muito cara de pau"). Devido ao seu comportamento irreverente, nada parecido com o dos demais profissionais do microfone, Abelardo Barbosa era chamado de "o louco de Niterói".

Nessa mesma época em que *Rei Momo na Chacrinha* anarquizava as ondas do rádio, Leovigildo e família mudaram de endereço. Eles foram morar no Imperial Hotel, que também ficava na Rua do Catete. Ali, Fred conheceu Ronald e Stanley de Chevalier, dois irmãos que tinham a sua idade e vieram com os pais do Amazonas, para também se estabelecer no Rio de Janeiro. Os garotos passaram a ser colegas de brincadeiras de Fred. No pátio do Imperial, os três jogavam bola, brincavam de pique, jogavam bafo.

Mas não raro surgiam aqueles desentendimentos de crianças, que acabavam resultando em pancadaria. Nessa hora, Frederico levava a pior, pois os laços familiares falavam mais alto e Ronald e Stanley se juntavam e cobriam o amiguinho de pancadas. Quem não gostava nada disso era Voleid, que, ao ouvir o choro do filho, saía correndo para socorrê-lo e depois passar uma descompostura nos irmãos Chevalier.

Mas quem dera fossem apenas desentendimentos entre crianças no meio de suas brincadeiras os principais problemas que as famílias por todo o mundo precisavam enfrentar. Nessa época em que Voleid se indignava com o que acontecia com o filho, o mundo passava por tempos sombrios. Em 1º de setembro de 1939, a Alemanha liderada por Adolf Hitler invadiu a Polônia, como o início de um plano de expansão territorial. Com isso, França e Inglaterra declararam guerra aos germânicos, iniciando a Segunda Guerra Mundial.

A Alemanha formou uma aliança com Itália e Japão, e os três ficaram conhecidos como os países do Eixo. No Havaí, em dezembro de 1941, aviões japoneses atacaram a base militar de Pearl Harbor, que pertencia aos Estados Unidos. O país, que até aquele momento se mantinha neutro no conflito, acabou entrando na guerra. Um dos heróis de que Fred mais gostava de ver no *Gury* era o Capitão América, que com seu uniforme nas cores da bandeira norte-americana combatia Hitler e seus aliados. A criação de Jack Kirby e Joe Simon era uma forma de estimular o patriotismo dos ianques durante esse período tão difícil.

Getúlio Vargas, que governava o Brasil desde 1930 – sendo que a partir de 1937 instaurara a ditadura do Estado Novo –, era pressionado pelos Estados Unidos para também declarar guerra ao Eixo. Mas o gaúcho de

São Borja ia cozinhando os ianques em banho-maria. Contudo, em fevereiro de 1942, navios brasileiros foram afundados, aparentemente por submarinos alemães. A guerra foi declarada, e, com isso, vieram a escassez e o racionamento de alimentos, assim como o blecaute, uma consequência do medo de um ataque aéreo alemão. Todas as noites, a partir das 21h, as luzes das casas e apartamentos da cidade se apagavam, inclusive a iluminação do Cristo Redentor.

No hotel Imperial, na inocência dos seus 5 anos, Fred não tinha noção da guerra que destruía boa parte do mundo, mas passava a travar seu contato com o sofrimento. Sempre que aprontava alguma arte, Voleid tratava de disciplinar o filho. Na penteadeira do seu quarto no hotel, guardava uma escova de cabelo cujas "costas" eram bem largas. Ela acabou adaptando-a para exercer a função de uma palmatória. A jovem viúva ordenava que Frederico lhe estendesse uma das mãos e, com uma impressionante disposição, começava a aplicar "bolos" no filho. As lágrimas não demoravam a escorrer pelo rosto do garoto, que, assim que começava a soluçar, ouvia da mãe:

– Engole o choro! Engole o choro!

Esse tipo de método disciplinador de Voleid, muito comum entre os pais na época, acabou deixando o menino com gagueira. Fred não conseguia mais dizer uma simples frase sem ser tomado pelo nervosismo e empacar nas palavras.

E não era somente com Frederico que Voleid tinha um comportamento difícil; Leovigildo também tinha de lidar com o mau gênio da filha. Mas com ele a coisa ficava diferente. Havia os embates e Leo quase sempre terminava aborrecido, trancando-se no seu quarto, no apartamento do Edifício Amparo, na Rua Dois de Dezembro, nº 26, para onde a família havia se mudado, abandonando os hotéis. Certa ocasião, preocupado com o avô – que, além de Voleid, também havia se desentendido com Alita –, o menino pegou papel e lápis e escreveu um bilhete para ele, que passou por baixo da porta. Leovigildo o apanhou e leu.

Vovô,
Não ligui(sic) para o que essas mulheres falam, vistu(sic) que elas falam não si iscrevi (sic).
Assinado,
Fred, vulgo Titã

Imediatamente a zanga de Leo passou, e o avô abriu a porta para dar um apertado abraço na "alegria da casa".

Frederico aprendeu a ler e escrever no Colégio Atheneu São Luiz, que ficava próximo de onde morava, na Rua Silveira Martins, 151/153, perto do Palácio do Catete, a antiga sede do Executivo, antes de Getúlio Vargas transferi-la para o Palácio Guanabara, em 1937, quando instituiu o Estado Novo. O hino do Atheneu São Luiz prometia a cada aluno que passasse pelas carteiras de suas salas de aula nada menos que o sucesso.

Salve, salve, Atheneu São Luiz
Que do ensino o teu culto fizeste
Teu estandarte alvo e celeste
Nosso afeto sincero bem diz
Um hino todo ternura
Cantamos em teu louvor
Atheneu tu nos preparas
Um futuro promissor.
Traremos eternamente
Teu nome no coração
Com o peito reverente
De infinita gratidão.

Apesar de ter declarado guerra ao Eixo, o Brasil não enviou homens para a frente de batalha na Europa logo de imediato. Pelo contrário: passaram-se mais de dois anos até isso acontecer. Somente em julho de 1944, a bordo do USS General Mann, os primeiros soldados brasileiros zarparam em direção à Itália. Os italianos já haviam se rendido aos aliados um anos antes, mas ainda havia nazistas na região.

A temperatura baixíssima foi apenas uma das várias dificuldades enfrentadas por nossos pracinhas. Também houve problemas de comunicação com os aliados ianques, o equipamento de qualidade inferior e até mesmo o uniforme, que se assemelhava ao alemão. Mas, num esforço impressionante, os brasileiros obtiveram importantes vitórias em Massarosa, Camaiore, Monte Prano, Monte Castelo, Castelnuovo e Montese. Em maio de 1945, os nazistas se renderam. Hitler suicidara-se em 30 de abril. Nossos pracinhas já podiam pegar o navio de volta para o Brasil. Infelizmente, 454 não tiveram essa sorte, perdendo suas vidas durante a campanha. O conflito terminou definitivamente com a rendição do Japão, em agosto, depois de os americanos lançarem bombas atômicas nas cidades de Hiroshima e Nagasaki.

O fim da guerra acabou se transformando numa dor de cabeça para Vargas, uma vez que nossos soldados lutaram contra regimes totalitaristas e retornavam para o Brasil do Estado Novo. Era paradoxal ao extremo; assim, uma grande insatisfação se iniciou e culminou com a deposição de Getúlio. Para contornar a situação desfavorável, o gaúcho anunciou eleições para dezembro, decretou anistia aos perseguidos políticos e os partidos foram se reorganizando a fim de apresentar seus candidatos à Presidência.

Simpatizantes de Vargas começaram a pregar a "Constituinte com Getúlio", fazendo surgir a suspeita de que ele estivesse por trás disso, a fim de que mais uma vez saísse como o maior beneficiado dessa nova situação. Em 1937, ele fizera isso, fechando o Congresso, cancelando a eleição marcada para 1938 e dando início ao Estado Novo. Quem iria negar que a história poderia vir a se repetir?

No dia 29 de outubro de 1945, Getúlio Dorneles Vargas foi deposto pelo general Góes Monteiro, seu ministro da Guerra. Assumiu interinamente a Presidência da República o presidente do Supremo Tribunal Federal, José Linhares. Em dezembro, quando as eleições foram realizadas, o general Eurico Gaspar Dutra, antecessor de Góes Monteiro na pasta da Guerra, sagrou-se vencedor. Ao que parece, depois de quinze anos, terminava a chamada era Vargas. Quem se viu numa situação muito satisfatória com tudo isso foi o tio de Frederico, Lopo Coelho, que, trabalhando no Ministério da Guerra, acabou conquistando a simpatia do general Dutra, o atual presidente, o que iria ajudar consideravelmente em sua ascensão no funcionalismo público.

Sem guerra, racionamento, blecaute e Estado Novo, a vida de Frederico seguia tranquila. No Atheneu, ele demonstrava ser bom aluno. Em casa, lia suas histórias em quadrinhos e, sem amigos na vizinhança, brincava sozinho com frascos de remédios vazios da hipocondríaca Voleid, que sua imaginação transformava no rei Arthur e os cavaleiros da Távola Redonda. Também passava a se apresentar para o avô Leo como "Titã", um dos personagens de suas revistinhas.

Eventualmente, quando aprontava alguma arte, Fred tinha de se entender com Voleid e sua escova de cabelo. Porém, em 1946, o garoto teve contato com um drama genuíno. Seu avô Leovigildo começou a apresentar problemas – seus rins não estavam funcionando direito. Na manhã de 3 de abril de 1946, faltando pouco mais de duas semanas para o aniversário de 9 anos de Fred, Leo fechou os olhos em seu quarto, rodeado pela mulher, as duas filhas e o neto. No atestado de óbito, escreveram "falência múltipla dos órgãos". Não era velho, tinha somente 45 anos.

Seu enterro, numa tarde ensolarada, acabou se transformando num grande contraste diante da tristeza de familiares e amigos do querido Leovigildo que compareceram ao cemitério São João Batista. Pela primeira vez num cemitério, o pequeno Frederico ia vendo o caixão do avô baixar à sepultura, uma cena que jamais sairia de sua memória. O sol brilhava, tornando o Rio de Janeiro ainda mais digno de um cartão-postal, mas para o pobre garoto era como se a cidade estivesse sob céu cinzento com chuva forte desabando sobre sua cabeça. Tinha perdido o homem que fora o substituto de seu pai.

Quando sua mãe e a avó voltaram para o apartamento da Rua Dois de Dezembro, nem por um segundo o menino poderia ser chamado de "a alegria da casa". Estava amuado, cabisbaixo, completamente mudo. Somente quando o relógio marcou o horário em que a porta da sala se abriria e o avô surgiria vindo da redação de *A Noite* é que Frederico abriu a boca para dizer uma frase capaz de provocar um aperto no mais calejado dos corações:

– Que tristeza, nunca mais vou poder levar os chinelinhos dele, quando ele chegava do trabalho.

3 Um Mozart na Estelita Lins

A morte de Leovigildo deixou Maria Alita desnorteada. Ela não sabia como dar prosseguimento à sua vida. Sem o salário do marido no jornal, ela não tinha como se sustentar. Nem a ela, nem a Voleid, que também não trabalhava, nem ao neto. Maria Auxiliadora se ofereceu para ajudar, mas Alita não queria sacrificar a filha e o genro. Era tudo muito difícil, e, sem nenhuma perspectiva surgindo, a única opção que encontrou naquele momento foi voltar para Recife. Lá, a cidade na qual viveu a maior parte da sua vida, poderia contar com o acolhimento da família e logo arranjar uma maneira de se sustentar. Sendo assim, juntamente com filha e neto, embarcou num navio de volta à sua terra.

Quando chegaram, Alita, Voleid e Fred foram acolhidos por Suzana, uma das irmãs da recente viúva – dona Elisa, a bisavó de Frederico, havia falecido. Voleid matriculou o filho no Colégio Americano Batista e a família foi tocando sua vida. Todavia, o garoto não se sentia feliz. Obviamente, a perda do avô era a principal razão, mas ele também não se acostumava mais com sua cidade natal, que nem conhecera direito, pois havia se mudado aos 3 anos. Ele sentia falta do Rio de Janeiro, afinal de contas, vivera seis anos lá; podia ser considerado mais carioca do que pernambucano.

E o pensamento de Maria Alita de que iria encontrar em Recife uma situação melhor do que a vivida no Rio de Janeiro acabou provando estar errado. Ela e a filha não conseguiam emprego, as economias de que dispunham foram minguando, e ainda havia a incômoda situação de estarem vivendo de favor na casa de parentes, por um período bem maior do que o imaginado. Por mais que fosse bem tratada, afligia-a não ter seu próprio canto. Até que, depois de quase dois anos, quando parecia que nada iria melhorar, Voleid recebeu uma excelente notícia do seu cunhado. Ela deveria voltar ao Rio, pois ele havia lhe conseguido uma colocação.

Novamente Fred embarcou num navio rumo à capital brasileira. O garoto agora tinha 11 anos.

Depois de em tantas ocasiões ter sido bem carrasca para com Voleid e sua família, no retorno ao Rio de Janeiro, a sorte acabou lhes dando um merecido refresco. Graças a Lopo, a jovem conseguiu um emprego no Sesc, o Serviço Social do Comércio. Além disso, não havia a despesa com hotel ou aluguel, pois seu cunhado e a irmã acolheram-na, juntamente com Frederico e Maria Alita, no apartamento no qual moravam, na Rua Estelita Lins, nº 164.

Para Frederico, foi uma felicidade que não sentia desde o tempo em que seu avô Leovigildo estava vivo. O pequeno Titã retornara à cidade de que tanto gostava. Voleid o matriculou no Colégio Franco-Brasileiro, que ficava na Rua das Laranjeiras, perto de onde a família morava, onde o menino era sempre o primeiro aluno da turma. Tirar as melhores notas foi a maneira que encontrou para evitar que os outros moleques fizessem graça com ele por causa da gagueira. Ele sempre se oferecia para dar uma mão aos menos brilhantes, que por acaso eram aqueles que gostavam de aporrinhar os colegas, e eles o poupavam de suas crueldades juvenis. Frederico Guilherme podia considerar-se um menino abençoado, uma vez que ser estudioso não era conhecida como a melhor maneira de evitar ser vítima de troça dos colegas mais maldosos. Geralmente esses projetos de tiranos costumavam castigar ainda mais aqueles que consideravam os certinhos da turma, inventando apelidos ou lhes aplicando uma caprichada sessão de cascudos.

Eurico Gaspar Dutra, o protetor de Lopo Coelho, foi empossado presidente em janeiro de 1946. Seu governo ficou marcado por uma forte aproximação dos setores conservadores, até mesmo da UDN, partido do brigadeiro Eduardo Gomes, seu principal adversário na eleição. O Partido Comunista, que havia obtido expressivas vitórias nas eleições de 1945 e 1947, sofreu forte perseguição, até ser finalmente tornado ilegal. Na economia, o trabalhador, como de costume, acabou sendo o mais sacrificado, vítima de uma política de arrocho salarial. Mas, para o tio Lopo, estava tudo indo muito bem, já que, tão logo assumiu o poder, Dutra o nomeou diretor do Departamento de Administração do Serviço Público (DASP). Com dois anos de governo, em 1948, Lopo passou a subchefe do Gabinete Civil da Presidência da República.

Frederico acabou tendo Lopo como substituto de Leovigildo como a sua figura paterna. Ele gostava muito do sobrinho e o tratava com o mesmo carinho que dedicava à sua filha, Ana Maria. Nas ocasiões em que se encontrava em casa, ele gostava de assumir o fogão para fazer um prato de que o sobrinho gostava bastante. Numa frigideira, ele colocava as sobras da carne assada do almoço cortadas com toda a paciência em cubinhos milimétricos e adicionava farinha de mandioca, manteiga e ovos. Por fim, com o "mexidinho" já no prato, colocava por cima uma banana cortada em rodelas. Servia a iguaria a Frederico, que saboreava até a última garfada, deixando no prato somente uns poucos grãos de farinha.

Sempre que encontrava Fred sentado, se aproximava e, enquanto lhe dava uma palmada na parte anterior da coxa, dizia:

– E aí, caboclo?

Antes de chegar a subchefe do Gabinete Civil, Lopo de Carvalho Coelho tinha vivenciado um grande número de experiências. Como muitos migrantes, chegara à Cidade Maravilhosa, vindo do Rio Grande do Sul, para tentar uma vida melhor. Começou trabalhando como cobrador de ônibus, estudando Direito à noite e dormindo num hotel modesto no Catete. Depois, foi trabalhar numa fábrica onde embalava remédios, mas foi um emprego de curta duração. Ainda um jovem de pavio curto, Lopo discutiu com um colega de trabalho e mandou-lhe um direto no queixo. A vítima perdeu um dente, e o gaúcho, o emprego. Conheceu Maria ali pelo Catete, onde os dois moravam, e se apaixonou. Quando casaram, já estava no Ministério da Guerra e prestes a terminar a faculdade de Direito. Com toda essa experiência de vida, gostava de dar conselhos ao sobrinho, sempre que possível. Serviam como uma preparação para os desafios com os quais Fred poderia topar à medida que ia se tornando "gente grande". Um desses ensinamentos, digno de figurar em *O Príncipe*, de Maquiavel, ou no *Rubaiyat* de Omar Khayyam, e do qual o menino jamais se esqueceria, era:

– Infelizmente, a gente vale pelo mal que pode fazer aos outros e não pelo bem.

O motivo pelo qual o tio de Fred ia para a cozinha era que Maria jamais tivera vocação para os dotes culinários ou qualquer outra tarefa doméstica. E Lopo não se incomodava com isso; o que o satisfazia era ver a esposa sempre muito bem-cuidada, pronta para colocar os pés que calçavam caros sapatos para fora de casa e ser admirada por onde quer que passasse. O gaúcho providenciava tudo de que Maria necessitasse, portanto, ir para a cozinha não aborrecia o apaixonado marido.

Maria era a prova de que Leovigildo e Alita souberam fazer belas filhas. A caçula do casal era ainda mais bonita do que a irmã mais velha – e superar a beleza de Voleid não era nada fácil. Frederico ficava boquiaberto ao ver a tia, loira, de pele alva, dona de lindas mãos com dedos longos, que segurava o cigarro com a elegância de uma Marlene Dietrich.

O único problema de Lopo era o temperamento forte da cunhada. Voleid queria exercer o controle sobre toda a família, principalmente sobre a irmã, Maria, que antes de se casar lhe obedecia bastante. A mãe de Frederico chegava a pensar que a caçula lhe devia mais satisfações do que ao marido. Eventualmente, os ânimos se exaltavam no apartamento da Rua Estelita Lins. Mas, como em todas as famílias, tudo voltava ao normal após alguns minutos de caras emburradas. Obviamente, até uma próxima ocasião.

Por um período, Fred correu o risco de ter um novo pai. Sim, foi realmente um risco, uma vez que César Leão de Vasconcellos, o cearense bem mais velho, baixinho e desprovido de beleza com quem Voleid começou a namorar era um sádico. O bem-sucedido advogado tinha como principal divertimento torcer as orelhas de Frederico enquanto dizia:

– É bonitinho, esse menino.

Era compreensível o Titã olhar para o futuro padrasto com olhos de Hamlet para rei Cláudio. A dor que sentia com a maldade do Sr. Leão só não era menor do que sua raiva. O advogado gostava de fazer um agrado a Voleid, levando-a à Casa Cavé. Fred ia junto, mas tamanho era o desprazer de estar na companhia do namorado da mãe, que os requintados doces da confeitaria do centro do Rio se tornavam amargos feito fel.

Bem diferente de Leão de Vasconcellos, Julinha, a irmã do advogado, uma solteirona na casa dos 50 anos, era uma pessoa doce e entusiasmada admiradora de Frederico. Logo no primeiro encontro, quando César levou Voleid e o menino para ela conhecer, o Titã a deixou impressionada ao citar um grande número de autores cujas obras lia. Seu rico vocabulário rendeu um entusiasmado e sincero elogio:

– Esse garoto é um gênio literário! Vejam só como ele fala diferente!

Em 1950, o país teve uma nova eleição para a Presidência da República, na qual se escolheria o substituto do general Dutra. E quem saiu candidato? Getúlio Vargas, o ditador que fora deposto cinco anos antes. Também houve disputa para a Câmara Federal, e Lopo Coelho saiu candidato pelo Partido Social Democrático, o PSD. Em 30 de março, o tio de Frederico inaugurou seu comitê eleitoral, na Rua do Lavradio, nº 55, com a presença de diversos colegas do Ministério da Guerra e outras repartições públicas. No encerramento da cerimônia, todos os presentes levantaram suas taças de champanhe para brindar a futura vitória do candidato.

No dia 5 de outubro, os brasileiros foram às urnas. Vinte e seis dias depois, no dia 31, saiu o resultado final: Getúlio Vargas era novamente presidente do Brasil, desta vez, não mais como um ditador, mas pelo voto popular. Quanto a Lopo Coelho, foi eleito deputado federal, com 6.219 votos. Com alguns meses de Câmara, sua situação financeira melhorou, e ele, Maria e Ana Maria mudaram-se para um apartamento que ele conseguiu comprar, deixando Voleid, Alita e Fred na Estelita Lins.

Criado sob a constante vigilância da mãe, sem amigos na rua, além das revistas em quadrinhos e os frascos de remédio, Fred tinha a música que ouvia no rádio como sua companheira. Dentre seus artistas prediletos destacava-se a dupla formada pelo índio cearense Mussapere e o colombiano Cristancho, dois virtuoses do violão. Eles eram responsáveis por versões de peças clássicas de compositores como Chopin, Beethoven, Mozart, Tchaikovsky e Rimsky-Korsakov, com a desafiadora "O voo do besouro". Mussapere & Cristancho também interpretavam composições populares como a guarânia "Índia", dos paraguaios José Asunción Flores e Manuel Ortiz Guerrero.

Percebendo esse gosto pelas canções, Voleid decidiu fazer um agrado ao garoto. Quando Fred tinha 5 anos, deu-lhe uma gaita, na qual ele aprendeu a tocar "Oh, Suzana", "Asa Branca" e "Noite feliz". E, quando o filho contava 12 anos, resolveu presenteá-lo com outro instrumento. Não foi um violão como os que Mussapere & Cristancho dedilhavam, mas um acordeão Hohner de 120 baixos. Além disso, também providenciou aulas para que o garoto aprendesse a dominar o instrumento.

Uma vez por semana, Fred recebia a visita de uma professora para lhe ensinar a tocar o Hohner com que a mãe o havia presenteado. Nos demais dias, sempre que surgia um tempo vago, o menino praticava até os dedos ficarem dormentes. Ia tentando reproduzir as músicas de que gostava por conta própria, sem esperar pelo próximo encontro com sua mestra. Passados três meses, a professora chamou Voleid para comunicar-lhe sobre o progresso de Frederico Guilherme:

– Dona Voleid, a senhora está jogando dinheiro fora. O Fred não estuda nenhum exercício que eu passo, ele toca tudo da cabeça dele.

Voleid já estava pensando que esse ato de rebeldia seria uma queixa da acordeonista, mas ela continuou:

– Só que isso que ele faz torna tudo muito mais bonito, porque ele já toca tudo com acordes, e eu ensino apenas com notas. É impossível alguém ensiná-lo, esse menino é um gênio!

Bem, se era isso que a professora estava dizendo, quem era Voleid para contestar? Ela dispensou a senhora e economizou a quantia paga com as aulas, deixando o garoto manuseando o instrumento por conta própria. E, ao ouvir o som que ele tirava do acordeão, acabou dando razão à senhorinha. O Titã tocava bem mesmo.

Mas, antes de dar por encerradas as aulas que ministrava a Frederico, a professora o apresentou em um recital. Apesar de tremer feito vara verde, o rapaz encarou sua primeira plateia, a qual entreteu executando "Czardas", composição do italiano Vittorio Monti.

Em 1952, quando Reynaldo Fonseca, um primo de Recife, veio passar uma temporada com sua família "carioca", o rapaz ficou impressionado com o filho de Voleid tocando acordeão. Reynaldo era pintor, seguia escola de Cândido Portinari, um artista, homem com sensibilidade para enxergar qualidades em seu primo músico, agora um adolescente de 15 anos.

Reynaldo falou a Voleid e Alita que o rapaz precisava gravar um disco, ter um registro dos seus dotes musicais. Ele tratou de providenciar isso, procurando nos jornais e na lista telefônica um lugar onde fosse possível fazer isso. Acabou descobrindo um estúdio no centro da cidade que fazia gravações para aqueles que sonhavam enveredar pela vida artística. Numa manhã, pegou Fred e foi com ele providenciar a gravação. Os dois – mais o acordeão – chegaram ao sétimo andar do número 799 da Rua Santa Luzia, onde ficava a gravadora Publi-Som Ltda., que pertencia a Carlos Frias, conhecido locutor da Rádio Tupi, a fim de gravar um 78 rotações.

Era a primeira vez que Fred pisava num estúdio, uma experiência que causava forte impressão num adolescente criado sem muitas possibilidades de conhecer nada que ficasse além do caminho entre a escola e a casa. Ele custava a acreditar que estava ali para dentro em breve fazer seu registro num disco, algo que considerava inatingível antes da visita de seu primo Reynaldo. Ele tinha muito bem ensaiadas as músicas que iria "gravar na cera". Quando chegou próximo ao microfone, o menino começou a tocar o instrumento, executando a primeira canção. Ela se chamava "Jezebel", composição de Wayne Shanklin, um sucesso do cantor americano Frankie Laine, que caiu no gosto de Fred numa versão feita por Caribé da Rocha, na voz de Jorge Goulart.

Jezebel
Jezebel
A dor que trago em meu peito

A luz que brilha em minha alma
Jezebel
Jezebel, és tu

No instrumento que dominava, Fred tinha como ídolo o cantor e acordeonista Pedro Raymundo, cujo grande sucesso era o xote "Adeus, Mariana". O garoto gravou "Oriental", um baião instrumental do catarinense radicado no Rio Grande do Sul, eleito "O Gaúcho Alegre do Rádio".

Gravação realizada, após alguns minutos de inquietante espera, Fred recebeu o disco, que trazia seu nome estampado no selo. Na volta para casa, dentro do bonde, segurava seu registro musical em cera de carnaúba com todo o cuidado. Ao chegar na Estelita Lins, mostrou orgulhoso para a mãe o presente que o primo Reynaldo lhe dera.

Durante umas boas semanas, o rádio, fiel companheiro de Frederico, entrou em gozo de férias. Foi substituído pela vitrola da família, que não parava de tocar o 78 rotações com "Jezebel" e "Oriental", executados pelo prodígio do acordeão.

4. Rei do taco

Com uma determinação capaz de tornar até a mais cínica das criaturas seu admirador, Fred conseguiu amenizar sua gagueira. Na hora de manter um diálogo com os colegas do Franco-Brasileiro, andava empacando um pouco menos nas frases que soltava. E também criou coragem para abrir a porta do apartamento da Rua Estelita Lins e colocar os pés na rua, sem dar importância para os "bolos" que levaria de Voleid com sua escova de cabelo.

Na adolescência, enfim Fred tinha uma turma de amigos. Eram os moleques que moravam na General Glicério, rua próxima à Estelita Lins. Eles jogavam futebol num campinho perto de uma pedreira na Rua Teixeira Mendes. Na primeira partida da qual participou, durante a formação dos times, o Titã conseguiu falar pausadamente e de maneira determinada:

– Eu sou half direito.

O "violento esporte bretão" já estava no sangue da família. Nas priscas eras do futebol amador, Lopo Coelho integrou o *scratch* do Fluminense como ponta-direita. Foi um tempo divertido para o tio de Fred, mas que também lhe deixou uma sequela desagradável, quando, depois de um chute de um jogador do time adversário, perdeu alguns dentes. Assim como Lopo, Frederico Guilherme também tornou-se torcedor do "tricolor das Laranjeiras", cujas conquistas, que lia nas páginas da revista *Esporte Ilustrado*, apreciava desde a segunda temporada do time em Recife.

Mas, embora o adolescente tivesse conquistado liberdade, ela era vigiada, uma vez que, ainda temerosa de que algo de ruim acontecesse com seu menino, Voleid pedia à mãe que acompanhasse o neto nas peladas do campinho da Teixeira Mendes. Lita passava horas assistindo ao rapazinho procurando demonstrar habilidade com a bola nos pés. Ele tinha uma insaciável fome de bola, que fez com que Voleid comentasse com a mãe:

– O Fred é maluco! Ele joga no primeiro time, os meninos vão embora e ele continua no time seguinte e depois no próximo. Ele só vai embora junto com a orquestra.

Na sua alforria adolescente, Fred conseguiu que Voleid o tornasse sócio do clube do Fluminense, que ficava perto de sua casa. Ali, ele e os amigos que havia feito iam assistir aos treinos da equipe de futebol tricolor. Sempre procuravam se posicionar atrás do gol, onde ficava a grande estrela do time, o goleiro Castilho, apelidado por sua fiel torcida de São Castilho, devido às milagrosas defesas que fazia.

Foi no clube que Frederico fez amizade com outro garoto, um negro de pele clara, de olhos verdes e míope que usava óculos com lentes "fundo de garrafa", chamado Paulo Ricardo. Ele era filho do comediante do rádio Silvino Neto, famoso por suas inúmeras imitações no programa *A Pensão do Pimpinela*, e da pianista Naja Silvino. Paulo tinha uma boa bola de futebol da marca Superball nº 5, popularmente chamada de "courinho nº 5", que lhe servia de passaporte para qualquer formação de time numa pelada, fossem quais fossem suas qualidades como jogador.

Uma boa notícia para Fred foi quando soube por Voleid que seu noivado com o sádico César Leão havia terminado. A jovem viúva descobriu que o advogado mantinha um romance paralelo com outra moça e que a promessa de casamento que lhe fizera jamais seria cumprida. Tristeza para a mãe, alegria para o filho e suas orelhas, que se viam definitivamente livres dos beliscões do quase padrasto.

Ainda no processo de conquista de liberdade de Fred, o garoto também acabou vivendo sua primeira paixão. Era uma menina chamada Zenaide, de 15 anos de idade, dois a menos que ele. Paulistana, estava no Rio passando uns tempos na casa de parentes, num prédio próximo ao de Frederico. Seu pai era um dirigente do São Paulo Futebol Clube, que falecera recentemente. A fim de amenizar a tristeza que essa perda vinha causando na jovenzinha, sua mãe achou por bem mandá-la passar as férias escolares com os parentes na Cidade Maravilhosa.

Frederico se aproximou de Zenaide e acabou se tornando a companhia constante da garota, até acabarem iniciando um namorico. Longe do olhar vigilante de sua sempre zelosa avó, o adolescente pôde experimentar a emoção de andar de mãos dadas com a garota, fazer juras de amor e dar o seu primeiro e inocente beijo.

Mas o romance com a menina-moça tinha prazo de validade – durou o período de férias, que, ao chegar ao fim, fez com que Zenaide voltasse para

São Paulo, deixando Frederico apenas com as lembranças dos melhores momentos que vivera até aquela altura de sua jovem vida.

O rapaz terminou por encontrar distração do retorno à vida de coração solitário nas mesas de sinuca do Fluminense. Começou como uma brincadeirinha, mas, passado algum tempo, foi se saindo bem e gostando do negócio. Acabou virando um dos melhores jogadores do clube da Rua Álvaro Chaves. Ele dava 100 pontos de partido para qualquer um que estivesse disposto a enfrentá-lo. Partido era a vantagem dada ao adversário notadamente mais fraco, que já iniciava a disputa com um bom número de pontos de vantagem – que eram escritos num quadro-negro, item indispensável no ambiente da sinuca – como compensação pela falta de intimidade com o taco.

Mas, depois de um tempo, as mesas do clube tornaram-se desinteressantes para o Titã, que queria experimentar novas emoções, conhecer novos oponentes, já que havia derrotado todos os de Laranjeiras. O rapaz soube dos lugares que os sujeitos bons de taco frequentavam na cidade. Um desses estabelecimentos ficava no centro da cidade, mais precisamente no Passeio Público, bem em cima do cinema Palácio. Devido à localização, o lugar não poderia ter outro nome que não fosse Palácio da Sinuca.

O rapaz pegou o bonde em direção ao centro rumo ao Palácio da Sinuca. Quando chegou lá, ficou embasbacado com a visão daquela infinidade de mesas Tujague – as melhores, pois não tinham desnível, fazendo com que a bola tivesse uma trajetória linear – no enorme salão. O estalar dos tacos nas bolas, que deslizavam sobre o feltro verde e depois iam de encontro a outras bolas, formava uma maravilhosa sinfonia para os ouvidos de Frederico.

Primeiramente procurando se ambientar, o rapaz foi observando o desempenho e a frequência dos jogadores, até descobrir qual era o melhor deles. Era um rapaz negro, magrinho, malandro, mas sem a elegância daqueles que vestiam terno S120, sapato bicolor e chapéu panamá. Contudo, com um taco nas mãos, tinha a leveza e a precisão de um Fred Astaire das mesas. O homem era conhecido como Carne Frita e era considerado o sucessor de Detefon, um jogador do passado, cujos relatos diziam jamais ter sofrido uma única derrota ali no Palácio. O lendário jogador tinha esse apelido, tirado de uma marca de inseticida, porque nas mesas matava todas as bolas.

Fred passou a alimentar a vontade de ser aquele que iria derrotar o invencível Carne Frita. E, para isso, foi tratando de passar por todos os demais frequentadores do salão, aumentando a cada dia seu grau de dificuldade. No entanto, a fim de colocar em prática essa rotina, sua assiduidade no Franco-Brasileiro foi infinitamente menor do que a que tinha no Palácio. Ele faltava mais do que ia ao colégio e, quando por lá aparecia, sua concentração não era destinada a tempos verbais, tabela periódica ou equações. Seus pensamentos eram todos voltados para futuras partidas no Palácio. Estava tão obcecado pela sinuca que deixou o acordeão esquecido num canto do seu quarto.

O jogo virou a razão de viver do rapaz – só faltava estender uma toalha na mesa de sinuca e colocar o prato de comida em cima para almoçar. Queria muito enfrentar Carne Frita. E Fred enfim teve sua oportunidade de um embate com o maioral. Mas nada saiu como esperava; o homem mostrou por que era o sujeito mais respeitado do Palácio. Humilhou o "estudante do taco", matando todas as bolas numa sequência só, sem oferecer a possibilidade de o rapazola dar uma tacada que fosse.

Carne Frita conseguia matar uma bola atrás da outra. Ele jogava com efeito, mandava uma para a caçapa e já deixava a bola branca, a bola 1, na posição para acertar mais uma, ou, como se dizia no vocabulário não muito polido do salão, "deixava no cu" da bola seguinte. Era coisa de profissional gabaritado.

Enfrentar Carne Frita virou rotina para Fred. E perder também. Assim como aqueles times de futebol que jogavam contra rivais mais fracos dizendo que eram "bicho certo", o veterano jogador de sinuca aceitava o desafio do rapaz já preparando a carteira para receber o dinheiro que ganharia com facilidade. No Fluminense, as apostas eram proibidas pela diretoria do tradicional clube carioca, mas, no Palácio, Carne Frita só jogava a dinheiro. As disputas sempre terminavam com o campeão matando a bola 6, deixando a bola 1 no cu da bola 7, que mandava duas vezes para a caçapa, selando o fim do jogo e obtendo mais uma vitória sobre o moleque folgado.

Contudo, as constantes derrotas não diminuíam a obsessão de Fred pela sinuca – muito pelo contrário. Em qualquer lugar em que se encontrasse, os pensamentos do Titã estavam num único lugar: o salão do Passeio Público. Zenaide, seu primeiro amor, tornara-se apenas uma vaga lembrança em meio a estratégias para se tornar um dos grandes do Palácio.

Nesse período, o país andava em rebuliço. Getúlio Vargas havia voltado ao poder, mas enfrentando uma oposição implacável, que nem sequer quis permitir que fosse empossado. A principal voz que se levantava contra o presidente era a do deputado Carlos Lacerda, que em seu jornal, a *Tribuna da Imprensa*, escrevia editoriais com pesadas críticas ao governo do gaúcho, sempre o acusando de corrupção.

Na madrugada de agosto de 1954, Lacerda sofreu um atentado à porta de sua casa, em Copacabana. Foi ferido por um tiro de raspão no pé, mas o major Rubens Vaz, seu segurança, foi morto. Gregório Fortunato, chefe da guarda de Getúlio, foi apontado como o mandante. Houve uma crise e ameaça de derrubarem o presidente, que terminou metendo uma bala no peito. Sua morte fez a opinião pública ser tomada por remorso por não tê-lo apoiado e voltar-se contra aqueles que tentaram depô-lo, frustrando a tentativa de golpe.

Mas Fred pouco se importava com Vargas, Lacerda e crises políticas; o que importava para ele era a sinuca. Só havia uma coisa que o fazia parar um instante de pensar no seu vício. Era o som que ouvia vindo de um prédio na General Glicério, no qual havia um rapaz dos seus 20 anos que tocava seu acordeão e deixava Frederico encantado com a melodia que chegava até a sua janela. De vez em quando, João Donato, o jovem músico, levava os integrantes de "Os Namorados", o conjunto do qual fazia parte, para ensaiar em seu apartamento. Uma das músicas do seu repertório havia entrado num 78 rotações que o grupo havia gravado em 1953. Chamava-se "Eu quero um samba", uma composição de Haroldo Barbosa e Janet de Almeida.

> *Eu quero um samba feito só pra mim*
> *Me acabar, me virar, me espalhar*
> *Eu quero a melodia feita assim*
> *Quero sambar, quero sambar*

Mas, quando seu talentoso vizinho não estava tocando acordeão, a cabeça de Frederico voltava a ficar povoada por bolas coloridas deslizando sobre feltro verde.

Fred levou mais humilhantes coças aplicadas por Carne Frita. Mas não arredava pé do objetivo de um dia sentir o gosto de vencer o campeão. Certa manhã, chegou para mais uma tentativa, e Carne Frita resolveu ser magnânimo e lhe dar 50 de partido. O garoto aproveitou a vantagem e engatou uma bonita sequência, matando até a bola 6, a verde. Mas, como não tinha conseguido ir além disso, seria a vez de o campeão das mesas do Palácio assumir.

Carne Frita pegou o taco e, confiante, foi tratar de acertar a bola que seu jovem desafiante não tinha conseguido mandar para a caçapa. Porém, inacreditavelmente, a bola branca passou longe da 6. A sorte voltava a dar uma piscadela para Frederico.

O garoto enfim matou a bola 6 e depois a 7, mandando mais uma vez a pretinha para a caçapa. Aplicou em Carne Frita o que era conhecido como "golpe de 20", o que lhe garantiu a vitória que lhe havia custado vários cruzeiros economizados da mesada que recebia de Voleid. Mas valera a pena, pois, no final, quando foi entregar a Fred o dinheiro referente à aposta, Carne Frita lhe disse:

– É, rapaz, você é bom.

Fred voltou para casa numa felicidade só. Em julho, o Brasil tinha voltado da Suíça, após a participação em mais uma Copa do Mundo, mais uma vez sem uma taça, trazendo somente o quinto lugar. Contudo, Frederico já sabia qual era o sabor de se tornar campeão. Dentro do bonde, era impossível para aquele rapaz com uniforme de colégio tirar o largo sorriso do rosto. A quantia que ganhou de Carne Frita não chegava perto do que ele havia perdido, mas aquele "você é bom" que ouvira do mais respeitado jogador do Palácio da Sinuca valia muito mais do que um bolo de cédulas, por maior que fosse.

A vitória sobre Carne Frita não fez com que o vício de Frederico diminuísse. Ele continuava frequentando assiduamente o Palácio da Sinuca. Porém, veio o final do ano letivo, e o resultado de muitas faltas e nenhuma dedicação ao estudo foi um boletim em que as únicas notas azuis foram em canto, desenho e trabalhos manuais. Fred acabou sendo reprovado no terceiro ano ginasial.

Obviamente, ao saber do que aconteceu com Frederico, Voleid não foi sorrisos. O filho que cobria de cuidados iria perder um ano inteiro por ter gazeteado num salão de sinuca. Seria mais um ano em que ela, mãe e pai, ficaria pagando a cara mensalidade do Franco-Brasileiro. Nesse momento, passou-lhe pela cabeça ter casado com César Leão de Vasconcelos, homem de posses que poderia ter tornado sua vida menos sacrificada. Gritou com o filho:

– Não tem nenhum burro na família, só você!

Voleid tratou de aplicar em Frederico mais um dos seus corretivos. Contudo, dessa vez, ela não utilizou as costas de sua escova de cabelo para dar "bolos" nas mãos do filho. O castigo foi bem mais cruel do que o rapazola poderia imaginar. Ela foi até o armário de Fred, onde ele guardava sua coleção de histórias em quadrinhos que ganhara do seu falecido avô e, diante do olhar triste do rapaz, rasgou uma por uma. O duro não foi ver Mary Marvel, Bucky Rogers e os demais personagens da revista *Gury* virarem um monte de papel picado. O que machucava mesmo era não ter mais aquela lembrança do vô Leo.

5 No jardim das delícias

Depois do pesado castigo que a mãe lhe impusera, Fred deu por encerrada a sua carreira como jogador de sinuca. Voltou a se dedicar aos estudos com o afinco de antes – e também tirou a poeira do seu acordeão Hohner de 120 baixos.

À meia-noite, o garoto ligava o rádio para ouvir *Ritmos da Panair*. Transmitido pela Rádio Nacional diretamente da boate Meia-Noite, do Copacabana Palace, o programa contava com as orquestras dos maestros Zacharias e Nicolino Cópia, que traziam como cantores convidados nomes como Carminha Marcarenhas, Nora Ney, Dóris Monteiro, Jorge Goulart e Dick Farney, cuja gravação de "Copacabana" (Alberto Ribeiro e João de Barro) era o prefixo da atração.

> *Copacabana, princesinha do mar*
> *Pelas manhãs tu és a vida a cantar*

Mas a vida não era feita apenas de música, e Fred voltou a se interessar por companhia feminina depois de passado um bom tempo do fim do namorico com Zenaide. Na General Glicério, fez um grande número de amigos. Um deles se chamava Zé Luiz, jovem já todo iniciado nas malandragens e para o qual as delícias do sexo já eram mais do que conhecidas. Era assíduo frequentador da casa rosa da Rua Alice, o conhecido bordel das Laranjeiras. Com o tempo, tornara-se cliente cativo de uma das meninas, que lhe assegurava ser apenas durante as visitas do rapaz que o trabalho se transformava em prazer. Volta e meia ele a levava para jantar no Café Lamas, no Largo do Machado.

Zé Luiz assumiu a tarefa de professor do garoto Frederico nos meandros do sexo, dando-lhe as orientações sobre o que fazer quando chegasse o momento de estar com uma mulher. Quando decidiu que era a hora de o aluno passar para a primeira aula prática, Zé Luiz o levou à casa rosa.

Fred topou com a mulher que administrava o lugar, uma dama com sotaque francês que fumava seu cigarro usando uma longa piteira. Ela apregoou as qualidades de cada uma das garotas, que passaram pelos olhos do filho da viúva Voleid. Seria uma visão excitante para muitos jovens na flor do desejo de seus 18 anos. Porém, não agradou a Frederico. O sotaque da madame acabou por remeter aquele lugar à imagem de um decadente prostíbulo parisiense do final do século XIX. Fred voltou para casa, deixando Zé Luiz proporcionando mais uma noite de felicidade à sua cortesã favorita.

Mas, nessa época, quando um rapaz da classe média carioca não recorria a uma "casa de primeira categoria" para dar adeus à virgindade, a outra opção era investir nas empregadas domésticas. Eram geralmente meninas humildes, cuja oportunidade de estudo jamais lhes fora oferecida, restando a elas somente a opção de trabalhar em casas de família. Caíam facilmente na lábia dos jovens mancebos burgueses da capital da República, para os quais eram pouca coisa melhor do que carne de terceira. Fred acabou agindo como um desses mocinhos, logo jogando conversa para uma garota que trabalhava numa das residências da General Glicério. Não citou seus escritores favoritos, como fazia com a senhorita Julinha, usou outros assuntos para poder contar vantagem e fazer com que a mocinha, diante do rapaz bonito que Fred se tornara, acreditasse ter tido a sorte de encontrar um príncipe.

Depois de alguns dedos de prosa, uma ida ao cinema, um sorvete e alguns amassos nas ruas mal-iluminadas de Laranjeiras, terminou por arrastar a jovem para um hotel barato da Rua do Catete. Foi ali que deixou de ser um rapazola virgem e pôs em prática tudo o que havia ouvido nas conversas que tinha com Zé Luiz. Depois de algumas semanas, passou a se esquivar da sua primeira conquista, tratando de procurar uma nova. Foi contaminado pelo donjuanismo, passou a gostar muito disso. Associada ao sexo, a conquista também tornou-se um prazer.

Se, no passado, o dinheiro que Fred conseguia acabava indo para a mesa de sinuca do Palácio, agora ele era gasto com os quartos dos hotéis do Catete. Voleid terminou por desconfiar que a inocência de seu garotinho havia sido perdida. Era coisa que não havia como evitar, pois agora ele já contava 18 anos, sua escova de cabelo já não o amedrontava mais e não havia histórias em quadrinhos para levar ao lixo. Restou apenas lhe passar um sermão:

– Eu sou uma viúva honesta e virtuosa, respeite pelo menos a minha empregada!

Frederico Guilherme atendeu ao pedido da mãe. Jamais se engraçou com as empregadas que passaram pelo apartamento da Rua Estelita Lins.

Exercia seu papel de nhonhozinho do século XX somente com as moças humildes de outros lares.

A turma da General Glicério era grande; além de Zé Luiz, Fred tinha feito um bom número de camaradas. Roberto Tiroteio era o fortão, dono de um belo tórax, obtido graças ao método de um fisiculturista dos Estados Unidos, o parrudo Charles Atlas. Na garagem do prédio onde morava, Roberto montou uma pequena academia, composta por anilhas, barras e um banco para supino (o levantamento de halteres deitado, um exercício destinado aos peitorais). Fred se exercitava juntamente com Tiroteio e outros rapazes da turma, como seu mestre Zé Luiz, Tabajara, Maranhão e Sílvio Kelner.

O apelido "Tiroteio" se devia às brigas nas quais Roberto se envolvia e terminava por distribuir tabefes. Nessa época, as turmas de jovens da Cidade Maravilhosa se encontravam nos bailes de formatura em clubes como o Fluminense, Ginástico Português e Associação dos Empregados do Comércio. Era nessas festas que muitos namoros começavam, e brigas também, pois os rapazes, cheios de desejo de autoafirmação no mundo dos machos, queriam partir para as vias de fato logo na primeira encarada que considerassem que tinha alguma pitada de animosidade. Quando a festa terminava, os esquentadinhos acabavam dando início a uma pancadaria generalizada nas ruas próximas aos clubes, que eram interrompidas com a chegada da polícia. Não era raro, dias depois do primeiro embate, marcarem um novo encontro para mais uma troca de sopapos. Fred evitava entrar nessas confusões, mas também não deixava de bancar o valente, apregoando que sabia lutar judô, aprendido após um dos camaradas ter lhe mostrado alguns golpes na garagem de Roberto Tiroteio.

Sílvio Kelner foi um dos integrantes da turma da General Glicério que acabou levando a pior numa dessas brigas. Foi na saída de uma festa no clube Piraquê, na Lagoa. O rapaz foi "juntado" por quatro caras, numa covardia só. Sílvio era um dos bons de briga do grupo, mas não era o Joel Ciclone para sair enfrentando todos os seus algozes ao mesmo tempo. Acabou apanhando mais do que saco de areia em academia de boxe e foi parar no hospital. Ao sair, com muita paciência, procurou um por um daqueles que tinham lhe aplicado a sova e acertou as contas com eles.

Apesar desses passeios pelo lado selvagem, Fred não descuidou dos estudos. Em dezembro de 1955, estava formado no clássico pelo Franco-Brasileiro, chegando até a receber uma medalha de destaque como bom aluno. Logo em seguida, passou para a faculdade federal do Rio de Janeiro. Foi estudar Direito, uma carreira estável, que poderia lhe render um bom emprego – talvez até uma colocação no governo, já que o tio Lopo seguia para o seu segundo mandato como deputado, tendo sido reeleito no pleito de outubro de 1954.

Em meio aos estudos e saídas com a turma da General Glicério, Frederico continuava ouvindo no rádio os sucessos dos artistas brasileiros, muitos sambas-canções, o gênero mais em voga no momento. Contudo, também passou a entrar em contato com o jazz. O acordeão de Pedro Raymundo ia perdendo espaço para o de um outro instrumentista, o norte-americano Art van Damme. O homem responsável por introduzir o instrumento no jazz fascinava Fred com as notas que tirava das teclas do seu Excelsior de 120 baixos, fosse em sua carreira solo ou ao lado de nomes como Ella Fitzgerald e Louis Armstrong. O rapaz também ouvia o pianista Jelly Roll Morton, um dos pioneiros do ritmo estadunidense.

Fred se atualizava ouvindo o programa *Em Tempo de Jazz*, apresentado na Rádio MEC desde 1946 pelo locutor Paulo Santos. Foi nessa atração radiofônica que travou contato com uma das ramificações do jazz, o bebop, cujo ritmo era mais agitado, nervoso, e exigia uma apurada técnica dos músicos que o executavam. O saxofonista Charlie Parker e o trompetista Dizzy Gillespie eram dois dos nomes que se destacavam. Cantoras como Ella Fitzgerald e Carmen McRae improvisavam vocalises nesse estilo. Fred ouvia aquilo e tentava imitar, com isso, ficou conhecido na rua como Fred Bebop, devido aos "badi badás" que vivia cantarolando no meio da turma.

Como havia uma grande dificuldade para obter discos de artistas estrangeiros, a turma combinava de cada amigo fazer em casa audições de suas novas aquisições. Volta e meia, Fred recebia os telefonemas de um amigo que conseguia discos com um conhecido que trabalhava na Panair do Brasil e sempre trazia suas encomendas de novos lançamentos. O rapaz ligava e fazia o convite:

– Fred, passa aqui em casa que eu estou com um disco do Stan Kenton que acabou de chegar.

Mas ficar cantarolando na esquina da General Glicério para amigos e tocar o acordeão no seu quarto não era suficiente para Fred. Ele já tirava de ouvido um bom número de canções, podia perfeitamente tocar em público. Assim como se impôs no campinho onde jogava bola com os moleques, jamais iria ficar inibido diante de uma plateia.

Sendo assim, com o domínio do seu acordeão, um bom repertório e nenhum medo de encarar o público, Fred precisava apenas de um lugar onde pudesse se apresentar. Em breve ele iria aparecer.

6 Com fome de música

Na Rua das Laranjeiras, nº 371, havia o Hotel América, que tinha um restaurante com uma pista de dança e um praticável um pouco mais alto, onde músicos poderiam se apresentar. A fim de atrair mais clientes, afora seus hóspedes, o senhor Ademir, o proprietário, teve a ideia de colocar música ao vivo no seu estabelecimento. Os músicos interessados em trabalhar no hotel poderiam comparecer para que ele escolhesse aqueles que fossem do seu agrado.

A notícia do que o senhor Ademir pretendia fazer acabou chegando aos ouvidos de Fred, lá na esquina da General Glicério. O rapaz pegou seu acordeão e, no dia marcado para a audição, apareceu na Rua das Laranjeiras para mostrar seus dotes musicais.

Quando chegou ao Hotel América, Frederico encontrou outros candidatos a músico da casa. Um era um rapaz chamado Maurício Einhorn, que, assim como ele, teve como seu primeiro instrumento uma gaita. Entretanto, ao contrário de Fred, que passou a tocar acordeão, o rapaz prosseguiu na harmônica e foi ficando cada vez melhor. Em 1945, aos 13 anos, já fazia parte de um conjunto formado por outros gaitistas, os Broadway Boys, apresentando-se em bailes e até em programas de rádio. Outro rapaz era um violonista de olhos azul-claros que brilhavam a quilômetros de distância. Chamava-se Durval Ferreira. Também havia um contrabaixista chamado Ary Carvalhães.

Após cada um demonstrar seus dotes, o senhor Ademir deu a boa resposta: estavam todos aprovados – inclusive Fred. Iriam tocar juntos, e o repertório teria de ser as músicas que estivessem tocando no rádio e que levassem o pessoal para a pista de dança. Dias depois, os rapazes estavam se apresentando no hotel. Uma das músicas que tocavam era "Cerejeira Rosa", sucesso na voz de Carlos Galhardo.

Será que tu recordas como eu?
Aquele tempo tão feliz
Quando o destino bom então me deu
Tudo o que eu quis
Eu pressentia que o teu coração
Queria só viver por mim
E eu pensei que todo aquele amor
Era sem fim

Agora vivo a pensar
No tempo bom que passou
E vivo sempre a lembrar
Que o sonho já terminou
A cerejeira em flor
Que tu gostavas de olhar
É companheira da dor
Do meu amor
E a cerejeira não é rosa mais
Ficou tão triste com o adeus
E agora pra mostrar seu amargor
Não tem mais flor

O conjunto tocava a canção numa versão instrumental com a harmônica de Maurício Einhorn fazendo solos. Conseguiam levar os hóspedes do hotel para a pista, além de trazer gente de fora interessada em bailar.

Fred tornou-se um amigo bem próximo de Maurício, numa amizade marcada por compartilhamentos de gostos musicais. Em casa, quando chegava de seu primeiro trabalho, tinha sempre Voleid e dona Alita o aguardando. Sua mãe, que tanto o cercara de cuidados, a contragosto constatava que não tinha mais como mantê-lo preso. Ironicamente, a música com a qual havia tornado o filho familiarizado desde a mais tenra idade era a responsável por fazê-lo voar.

Para aumentar alguns graus da ansiedade de Voleid, as apresentações no hotel da Rua das Laranjeiras foram apenas o começo na trajetória de músico noturno de seu amado filho. Fred tomou gosto pela coisa e, com a experiência em tocar junto com outros músicos, quis conhecer gente de outros lugares. Outra novidade era que passara a tocar o piano da mãe. Sem aula alguma, começou a tirar algumas músicas de ouvido.

Na Avenida Copacabana, nº 1.424, havia um sobrado em cujo jardim o proprietário construiu um daqueles golfes semelhantes aos vistos nos filmes de Hollywood. Assim como no Hotel América, no interior do Copa Golf – nome do estabelecimento – também havia um pequeno palco no qual músicos se apresentavam. O repertório principal era o jazz, e logo o bebop de Charlie Parker e Dizzie Gilespie, do qual Frederico tanto gostava.

O rapaz chegou ao sobrado de Copacabana e, com seu jeito sem cerimônia, foi logo tratando de se oferecer para tocar com os músicos da casa. Porém, dessa vez, deixou o acordeão de lado e passou a tocar o piano que havia por lá, acompanhado de outros músicos. Contudo, precisava ficar atento às investidas do Juizado de Menores, uma vez que era permitido somente a maiores de 21 anos trabalhar na noite carioca. Com apenas 18, Fred Bebop mentia para o dono da casa, o francês Henry Nenenzalil, afirmando ser três anos mais velho, e nunca apresentava seu documento. Além dessa fiscalização, ao voltar para casa, o rapaz continuava sendo recebido por Voleid e Alita, com ares de preocupação com a "alegria da casa" mergulhando na vida noturna.

O jazz ia embalando as noites do Copa Golf naquele ano de 1955, até que, no dia 13 de outubro, estreou nos cinemas cariocas *Sementes da violência* (*Blackboard Jungle*). Dirigido por Richard Brooks, o filme narra a história de um professor, interpretado pelo astro Glenn Ford, às voltas com alunos delinquentes. O filme foi elogiado pela ousadia do tema, rompendo com o padrão de filmes sobre uma juventude sorridente e comportada. Além disso, o tema de abertura, a canção "Rock around the clock", interpretada pelo cantor Bill Haley, marcava a chegada de um novo gênero musical, o rock 'n' roll, um híbrido de blues, western e country que, ao bater em ouvidos jovens, provocava um incontrolável desejo de dançar.

O disco com a canção passou a ser executado em algumas rádios, e, como fosse muito demorado o lançamento da gravação original no país, a gravadora Continental decidiu lançar "Rock around the clock" interpretada por um artista brasileiro. Nora Ney, conhecida por cantar músicas românticas, foi a escolhida. O motivo era tão somente o fato de que era a única artista com um bom inglês que se encontrava disponível. O resultado não ficou tão parecido com o original, uma vez que a guitarra elétrica, instrumento característico do rock, foi substituída por um acordeão. Entretanto, o 78 rotações gravado por Nora acabou vendendo bem e ajudou a tornar a novidade ainda mais popular.

Essa popularização do rock acabou indo bater no sobrado da Avenida Copacabana. Os jovens que frequentavam o local começaram a deixar o jazz de lado e pedir aos músicos do Copa Golf que tocassem a canção de

Bill Haley – ou Nora Ney. Fred e seus colegas não haviam sofrido o contágio – pelo contrário, não viam graça alguma no tal rock' n' roll, e consideravam seus poucos acordes de uma pobreza só. Entretanto, respeitando a máxima de que "o cliente tem sempre razão", acabavam atendendo aos pedidos. A pista ficava cheia e a casa ia recebendo um considerável número de novos frequentadores, fãs do novo ritmo, que ficavam sabendo que ali poderiam ouvi-lo e dançar.

Em pouco tempo, o Copa Golf ficou conhecido como um lugar especializado em rock, com grupos de jovens que executavam coreografias elaboradas, aprendidas numa rápida cena de *Sementes da violência* e em guias de revistas e jornais. Outras canções de Bill Haley, como "See you later, alligator", passaram a fazer parte do repertório dos músicos do sobrado musical, assim como canções de outros artistas como Little Richard, Jerry Lee Lewis e um jovem chamado Elvis Presley, que nos Estados Unidos roubava o posto de rei do rock do pioneiro Bill Haley.

Com seu jeito despachado, Fred acabou conquistando a amizade dos frequentadores do lugar. Um deles se chamava Alberto Paragua, um rapaz bem bonito, moreno feito um índio, mas com um reluzente par de olhos azuis, cuja origem explicava ao amigo pianista:

– Fred, minha mãe é uma índia paraguaia que trepou com um inglês. Aí eu nasci assim.

Outro fã da habilidade do filho de dona Voleid com as teclas pretas e brancas era o parrudo Georges Mehdi, um judoca imigrante francês, nascido em Cannes, que em 1949, aos 15 anos, veio em visita ao país e acabou ficando definitivamente. Georges, que demonstrava bastante talento ao dançar o rock' n' roll, gostava tanto de Fred que se colocava à disposição do rapaz para protegê-lo, caso ocorresse alguma confusão onde quer que ele estivesse. E não era da boca para fora, pois o atleta já fora visto numa rua de Copacabana enfrentando de uma só vez três sujeitos, levando-os ao chão com o seu judô.

A popularidade que Fred alcançou no sobrado do rock não foi somente com malandros e judocas de Copacabana. As meninas que frequentavam o lugar também gostavam de puxar conversa com o pianista, que, apesar de vítima da gagueira, sabia muito bem como usar as palavras certas para seduzir. Como resultado, Frederico passou a levar essas jovens, que eram bem mais avançadas que as demais, para conhecer o apartamento na Rua Tavares Bastos, que ele e outros amigos haviam alugado para encontros – uma *garçonnière*, onde havia um bar com algumas bebidas e um sofá-cama comprado a prestação.

Além do Copa Golf, Fred também se aventurava tocando com os músicos com os quais ia fazendo amizade nos clubes de Laranjeiras e imediações. Em algumas ocasiões, tocava acordeão acompanhando seu amigo Paulo, o filho do comediante Silvino Neto, que começou a se apresentar como cantor. Ele gostava de músicas do cancioneiro norte-americano, como "Old man river" (Jerome Kern e Oscar Hammerstein), do musical "Show Boat", e "Swanee", sucesso do cantor Al Jolson. Entretanto, Paulinho também foi fisgado pelo rock'n'roll e passou a cantar umas músicas do cantor e pianista Little Richard, como "Long tall Sally" e "Tutti frutti", deixando a plateia dos clubes enlouquecida não apenas com o seu desempenho como cantor rocker, mas também devido a seu jeito irreverente.

Numa noite, após uma apresentação, Paulinho saiu correndo com a mão no nariz, que estava sangrando, em busca de Fred. Quando achou o amigo, choramingou:

– Um cara me deu um soco no nariz. Me ajuda a pegar ele!

Fred, que após aprender alguns golpes de judô com a turma da General Glicério já se considerava um verdadeiro faixa-preta, não negou o auxílio ao amigo. A dupla saiu pelo salão atrás do agressor, mas os dois não o encontraram. Restou a Paulinho esperar a dor passar. Ao menos seus óculos ficaram intactos.

No Copa Golf também havia um grupo de rapazes que vestiam camisetas vermelhas, um escândalo para aquela época tão conservadora. O cabeça do grupo era um jovem alto, moreno, de rosto rechonchudo e muito falastrão, que sempre se apresentava dizendo:

– Eu sou Carlos Imperial!

Ele era filho de um banqueiro, o dr. Gabriel Corte Imperial, tinha um Dodge conversível e uma enorme autoconfiança, que muitos interpretavam como arrogância. Fred não tinha muita intimidade com ele, apenas limitava-se a tocar os rocks que ele também sabia dançar muito bem. Imperial batizou o seu grupo de jovens dançarinos de "Clube do Rock" e passou a ser considerado referência da novidade musical, o que causou uma ciumeira entre os frequentadores mais antigos das tardes de domingo no sobrado de Copacabana.

Paulinho acabou se juntando ao grupo de Imperial, passando a fazer parte como cantor de "Os Terríveis", o conjunto de rock que o dinâmico Imperial formara. O filho de Silvino Neto se apresentava com o pseudônimo de Dixon Savannah, um cantor americano perdido em terras cariocas.

Em janeiro de 1957, o rock'n'roll atingiu o auge de sua popularidade e temor, quando estreou um novo filme no qual "Rock around the clock", com

Bill Haley, fazia parte da trilha sonora. Por onde foi exibido, *Ao balanço das horas* – título que recebeu no Brasil – provocava histeria coletiva, com o público jovem dançando em cima das poltronas e do palco, deixando as salas em estado deplorável. No dia da estreia brasileira, a coisa não foi diferente. No cinema Rian, na praia de Copacabana, a sessão foi interrompida, com os rockers indo dançar na areia, tendo sido dispersados pela polícia, que chegou até a lançar uma bomba de gás lacrimogêneo.

A confusão causada pelo filme provocou a elevação de sua classificação etária para maiores de 18 anos, além de muitas matérias sensacionalistas sobre os rockers, classificados como transviados. Mas, como tudo que é proibido causa fascínio, o rock 'n' roll acabou conquistando mais e mais apreciadores, que lotavam o Copa Golf, fazendo com que Fred continuasse a tocar aquelas músicas sem desafios para um músico amante do jazz pródigo em notas. Contudo, não levaria muito tempo para que surgisse outra novidade sonora na noite carioca. E essa agradaria bastante ao jovem pianista e seu voraz apetite musical.

7 Onda nova

Em Copacabana, havia mais jovens que iam ao cinema para ouvir música. Entretanto, não era *Ao balanço das horas* o filme favorito deles. Preferiam os musicais norte-americanos, com canções de Cole Porter, George Gershwin, Irving Berlin e a dupla Rodgers & Hammerstein. Quando saíam das sessões, as trilhas sonoras os acompanhavam e passavam a fazer parte de reuniões musicais que faziam nas casas de um e de outro.

Os jovens também ouviam sambas-canções, mas tocavam-nos de maneira mais moderna, sob a influência dos musicais de Hollywood. Ironicamente, um desses filmes, que apresentava astros de rock como Eddie Cochran, Gene Vincent e Little Richard, acabou por influenciar ainda mais o som que perseguiam. Em *Sabes o que quero (The girl can't help it)*, comédia estrelada pela estonteante Jayne Mansfield, a canção "Cry me a river", interpretada por Julie London, enfeitiçou os violonistas de Copacabana. O motivo era a guitarra jazzística de Barney Kessel, que deixava todos aqueles que tinham um instrumento de seis cordas como fiel companheiro querendo tocar como o guitarrista estadunidense.

Capitaneados por um jornalista da revista *Manchete*, chamado Ronaldo Bôscoli, que dizia "cometer alguns poemas" – que acabavam virando letras de melodias compostas por um jovem violonista chamado Carlos Lyra –, os rapazes passaram a se apresentar em clubes e colégios da Zona Sul carioca. Depois da primeira apresentação oficial que fizeram, no Grupo Universitário Hebraico, no bairro do Flamengo, ficaram conhecidos como "turma da Bossa Nova". Um pouco depois, um baiano de Juazeiro chamado João Gilberto juntou-se a eles e acabou por influenciá-los no jeito de tocar, bem mais do que Barney Kessel e sua guitarra semiacústica. A batida do violão do rapaz não era parecida com a de nenhum outro violonista que haviam ouvido antes.

Ao mesmo tempo, o pianista Tom Jobim e o poeta Vinicius de Moraes, cunhado de Bôscoli, um pouco mais velhos do que a turma, haviam iniciado uma parceria que resultou no musical *Orfeu negro*, apresentado no Theatro Municipal. Da peça saíram canções que tinham muito a ver com o estilo que os rapazes de Copacabana estavam criando e que começava a ser chamado de Bossa Nova.

Tom Jobim, que trabalhava como arranjador na gravadora Odeon, estava como responsável por um disco da cantora Elizeth Cardoso, por um pequeno selo chamado Festa, no qual a "Divina" interpretava músicas das parcerias dele com Vinicius de Moraes e Newton Mendonça. "Chega de saudade" (Tom e Vinicius) e "Outra vez" (Tom e Newton Mendonça) acabaram contando com a participação de João Gilberto, chamado por Jobim para tocar seu moderno violão. Ouvir a batida diferente de João Gilberto no disco de Elizeth foi um grande tento para a "turma da Bossa Nova".

Entretanto, Elizeth ainda era uma cantora de estilo mais tradicional, e o que aqueles jovens queriam era ouvir o canto suave que João Gilberto trazia juntamente com a batida de seu violão. O baiano de Juazeiro interpretava com a delicadeza de um Mário Reis, Dick Farney, Johnny Alf, o francês Henri Salvador ou o trompetista e cantor americano Chet Baker.

Até que surgiu para João a oportunidade de lançar um 78 rotações pela Odeon, graças ao empenho de Tom Jobim e de André Midani, o jovem responsável pelo selo Capitol da gravadora e novo integrante da turma. O baiano de voz suave entrou no estúdio do edifício São Borja em julho de 1958, gravando "Bim bom", uma composição sua, e "Chega de saudade", que já havia entrado no LP de Elizeth.

O disco foi lançado primeiro em São Paulo, com "Chega de saudade" sendo tocada nas rádios, caindo no gosto dos ouvintes paulistas e resultando em um bom número de discos vendidos. No início de 1959, foi a vez de o Rio de Janeiro ouvir a voz de João Gilberto interpretar a canção de Tom Jobim e Vinicius de Moraes.

Vai minha tristeza,
e diz a ela que sem ela não pode ser

Muitos jovens, que, assim como a Turma da Bossa Nova, também esperavam por alguma novidade musical, caíram de amores pela música de João Gilberto. Fred Falcão era um deles. Ele, que, por força das circunstâncias, havia deixado de ser o "Fred Bebop" para tocar rock 'n' roll para os frequentadores do Copa Golf, agora voltava a encontrar um som que realmente lhe agradava. A Bossa Nova tinha o brasileiro samba-canção aliado ao jazz de que ele tanto gostava.

Por falar em rock 'n' roll, o gênero havia vivido um grande momento em maio de 1959, quando Bill Haley visitou o Brasil. A trupe de Carlos Imperial participou da abertura dos shows do pioneiro do rock, com Paulinho, ou melhor, Dixon Savannah, cantando ao lado de Roberto Carlos – outra descoberta de Imperial, apresentado como o "Elvis Presley brasileiro".

Porém, em julho, o corpo de Aída Cury, uma jovem de 18 anos, recém-saída de um colégio de freiras, apareceu estatelado na calçada da Avenida Atlântica. As suspeitas recaíram sobre os jovens Cássio Murilo e Ronaldo Guilherme, acusados de terem tentado violentar a jovem na cobertura da família de Cássio, que caiu ou foi empurrada pelos dois. Os dois representavam a chamada "juventude transviada", e a trilha sonora de seus dias era justamente o rock 'n' roll. Isso fez com que o gênero musical fosse malvisto, passando por um período de perseguição. Não demorou muito para que a frequência no Copa Golf fosse diminuindo, até o sobrado encerrar suas atividades.

Contudo, o fim do tempo do rock 'n' roll não causou pesar em Fred Falcão. Antes de a casa cerrar suas portas, o rapaz já andava por outras redondezas musicais. Também em Copacabana, na Avenida Prado Júnior, nº 258, havia a Boate Plaza Restaurante. O lugar pertencia ao hotel de mesmo nome, localizava-se no seu subsolo, e oferecia shows ao público. Lá, com sua habitual disposição para abrir caminhos, o rapaz apresentava suas credenciais como pianista que tocara jazz no Copa Golf e acordeonista do Hotel América e pedia para dar canja com os músicos que tocavam na boate. Era gente como o baixista Ed Lincoln e seu amigo Maurício Einhorn, que se tornava cada vez mais conceituado no meio musical.

Fred continuava chegando tarde em casa, sempre encontrando Voleid à sua espera com cara de poucos amigos. Entretanto, ele não caiu no mesmo erro da época em que vivia nas mesas de sinuca do Palácio. Na Faculdade de Direito do Catete, mesmo com a agitada vida noturna, era um dos alunos mais aplicados. Aproveitava bastante as aulas ministradas por renomados professores, como Afonso Arinos de Melo Franco, Aliomar Baleeiro e Hermes Lima.

Entretanto, mesmo na faculdade, a música não abandonava Fred. Ocasionalmente, havia saraus no prédio do Catete, dos quais, munido do seu acordeão, o estudante participava ao lado de colegas como João Roberto

Kelly, filho do jornalista Celso Kelly, e o paraibano Geraldo Vandré. Os dois se apresentavam tocando, respectivamente, piano e violão.

O Brasil andava em um tempo de elevada autoestima – tinha finalmente vencido uma Copa do Mundo, a da Suécia, em 1958. O país tinha como presidente Juscelino Kubitschek, o simpático ex-governador de Minas Gerais. JK, como era popularmente chamado, tomara posse em 31 de janeiro de 1956, após uma tentativa da oposição, encabeçada pela UDN de Carlos Lacerda, de anular as eleições e dar um golpe de Estado. O general Henrique Teixeira Lott garantiu o resultado das urnas depondo o presidente interino Carlos Luz, que demonstrava inclinação para o golpismo. Em seu mandato, Juscelino pôs em prática o Plano de Metas, que visava o crescimento econômico do Brasil tendo como base a expansão industrial. Kubitschek também deu início à mudança da capital da República do Rio de Janeiro para a região central do Brasil. Até o fim do seu governo, Brasília seria o novo Distrito Federal.

Em janeiro de 1959, Lopo Coelho encerrou seu segundo mandato como deputado federal. Entretanto, o tio de Fred não ficou distante do poder, já que assumiu o cargo de secretário de Agricultura, Indústria e Comércio do Distrito Federal. Com essa função no Executivo, o gaúcho não se esqueceu da família da mulher. Conseguiu para Voleid um emprego como censora e, para o sobrinho, Frederico, primeiro, uma nomeação para o cargo de confiança, em comissão, de adjunto e depois para auxiliar de controle – referência "F" da prefeitura do Rio de Janeiro.

Para Fred, o empurrãozinho do tio Lopo significou sua independência econômica da melhor maneira possível, uma vez que o salário da sua função era muito melhor do que o dos demais jovens de sua idade prestes a se formar. Ele recebia os grandes figurões da República, como Ulysses Guimarães, Carlos Lacerda, Paulo Alberto Monteiro de Barros – jornalista que usava o pseudônimo Artur da Távola –, Petrônio Portela, Teotônio Vilela, Aliomar Baleeiro e outros.

Um desses figurões da República, Fernando Bastos Ribeiro, era o chefe de Voleid na censura. O delegado era um daqueles sujeitos severos, que colocavam moral e bons costumes acima de tudo. Acabou sendo influência forte na postura da mãe de Fred ao exercer o cargo, que, diferentemente de muitos de seus colegas de trabalho, tinha um nível cultural elevado, era fã do cinema hollywoodiano, dos filmes franceses e do neorrealismo italiano. Isso já era alguma vantagem para os artistas, que ao menos eram submetidos ao parecer de alguém que apreciava as artes.

Esse novo emprego de Voleid acabou sendo vantajoso para Frederico, que acompanhava a mãe nos espetáculos que deveriam passar pelo crivo da funcionária encarregada de observar se a moral e a decência estavam sendo respeitadas. Frederico assistiu a muitas peças e shows, e, num desses espetáculos, uma peça de Walter Pinto chamada *Tem bububu no bobobó*, encenada no Teatro Recreio, Frederico viu um quarteto vocal que o deixou com ótima impressão; eram os irmãos Roberto, Ronaldo e Renato Correa e o primo, Valdir Anunciação, que formavam os Golden Boys.

Num sábado, já para o final de 1959, Fred não foi tentar suas canjas na Boate Plaza. Resolveu sair com os amigos Paulo Maranhão, Zé Luiz e Zoca. O grupinho foi ao Leblon, no colégio Maria Montessori, onde haveria uma festinha. Era uma daquelas no salão do colégio, com a música vinda dos discos que tocavam numa vitrola Telefunken, com os rapazes chamando as meninas para dançar.

Fred mirou uma moreninha de cabelos escuros e foi em sua direção. Fez o convite e ela aceitou. Bailaram no salão e depois foram conversar. Ela se chamava Gisela, era professora no colégio Guilherme Fontainha, em Ipanema, bem em frente à Praça General Osório.

A festinha terminou, mas os dois continuaram se falando e Fred terminou apaixonado. A *garçonnière* da Rua Tavares Bastos perdeu um de seus sócios, uma vez que os pensamentos de Frederico eram voltados somente para a professorinha que conhecera na festa do Maria Montessori. Ele escrevia cartas e mais cartas repletas de declarações de amor para Gisela.

8. Terá feliz o coração

Com dois meses de namoro com Gisela, Fred foi levado pela jovem para conhecer seus pais. O contador Melzíades Bellintani era o pai da moça, um paulista que migrou para a capital da República e tornou-se alto funcionário da Sul América Seguros, e a mãe era a mineira Avany Leal Bellintani, a Zita. A família morava em Copacabana, numa cobertura na Rua Gomes Carneiro, nº 65, onde Zita gostava de realizar reuniões para receber amigos. Foi num desses encontros que Fred apareceu.

Com sua facilidade de falar, o rapaz logo conquistou os Bellintani. Além das reuniões, marcava sempre presença nos jantares preparados por Graça, uma moça de 30 anos, mãe solteira, que um dia bateu à porta de Zita com a filha Elizabete no colo e passou a fazer parte da família. Graça era cozinheira de mão cheia, o que ia ao encontro do apetite voraz de Fred. E contrastava com o comportamento de Melzíades, um tanto enjoado para comer – separava tudo de que não gostava e deixava no canto do prato. Ao ver isso, Zita comentava com o marido:

– Melzíades, por que você não faz como o Fred, que come tudo sem reclamar?

O patriarca dos Bellintani respondia:

– Zita, o Fred à mesa é um caso cirúrgico.

Gisela tinha uma irmã mais velha, Geysa, bonita moça que lembrava a cantora espanhola Sarita Montiel. De temperamento forte, a jovem não aceitava o papel servil que a sociedade empunha às mulheres, era contestadora. Não era de ouvir não dos pais sem antes perguntar o porquê. Isso contrastava com as atitudes de Gisela, a excelente aluna do Colégio Stella Maris, cujo comportamento agradava mais a Melzíades e Zita.

Não era difícil imaginar que o amante da música Frederico Guilherme iria mostrar seus dotes para a família da namorada. Algumas reuniões depois de sua apresentação aos Bellintani, Fred apareceu na cobertura do edifício Dakar com o violão Di Giorgio com o qual Voleid havia lhe presenteado. O repertório executado pelo rapaz era obviamente composto por sucessos da Bossa Nova, que tanto o encantava. Tentando imitar o estilo de João Gilberto, Fred cantava uma das músicas do primeiro LP do artista baiano, o beguine Hô-bá-lá-lá, composição de autoria dele:

> *É amor, o hô - bá - lá - lá*
> *Hô - bá - lá - lá*
> *Uma canção*
> *Quem ouvir o hô - bá - lá - lá*
> *Terá feliz o coração*
> *O amor encontrará*
> *Ouvindo esta canção*
> *Alguém compreenderá*
> *Seu coração*
> *Vem ouvir o hô - bá - lá - lá*
> *Hô - bá - lá - lá*
> *Esta canção*

Numa noite, no elevador do prédio da namorada, Fred fez amizade com Luiz Henrique, um rapaz de Porto Alegre que constantemente viajava para a Capital Federal. Ele também era apreciador da Bossa Nova, cantor, e passou a fazer dupla com Frederico nas recepções de dona Zita. O estudante da faculdade de Direito do Catete e o cantor gaúcho divertiam o público com canções como a já clássica "Desafinado", "Samba de uma nota só" – outra da parceria Tom Jobim e Newton Mendonça –, "Menina feia", de Oscar Castro Neves e Luvercy Fiorini, e "Lobo Bobo", de Carlos Lyra e Ronaldo Bôscoli.

> *Era uma vez um lobo mau*
> *Que resolveu jantar alguém*
> *Estava sem vintém mas arriscou*
> *E logo se estrepou*
> *Chapeuzinho de maiô*
> *Ouviu buzina e não parou*
> *Mas lobo mau insiste e faz cara de triste*
> *Mas Chapeuzinho ouviu*
> *Os conselhos da vovó*
> *Dizer que não pra lobo*
> *Que com lobo não sai só*

Mas Fred não ficava limitado às apresentações na cobertura da Gomes Carneiro. Ele continuava dando suas canjas nas noites cariocas. Gisela o acompanhava em algumas ocasiões e via o namorado cavar um lugarzinho no palco da Boate Plaza e também nas pequenas casas do Beco das Garrafas, uma viela entre os números 21 e 37 da Rua Duvivier, em Copacabana, na qual a Bossa Nova se tornara a principal trilha sonora. Ali havia três pequenas boates: Bacará, Little Club, Ma Griffe e um botequim "pé sujo", o "Escondidinho". O nome dessa "viela musical" se deve ao fato de que alguns moradores dos prédios que circundavam a área jogavam garrafas de suas janelas como forma de demonstrar seu descontentamento com a algazarra causada pelo povo que ficava do lado de fora das boates bebericando e batendo papo. Sérgio Porto, um dos jornalistas que melhor retratou a alma carioca, passou a chamar a viela de Beco das Garrafadas, que, com o tempo, tornou-se "das Garrafas". No Bacará, cujos donos eram o pianista e vibrafonista Chuca-Chuca e o acordeonista Gigi, Frederico dava sempre seu jeito de conseguir tocar com os proprietários da casa e os demais músicos que lá se apresentavam.

Outro que também ficou de amores com a Bossa Nova foi Paulinho, o amigo de Fred filho do humorista Silvino Neto. Dixon Savannah abandonou o rock 'n' roll de Carlos Imperial e também se bandeou para a nova onda sonora. Assinando como Silvino Júnior, ele conseguiu um feito e tanto ao lançar em 1960 um LP no qual cantava e também tinha suas composições na voz de outros intérpretes, como Claudette Soares e Myrna Romani, e contava com instrumentistas como Durval Ferreira, o guitarrista do conjunto do Hotel América do qual Fred fizera parte, e o flautista Altamiro Carrilho, que não só usava a sua Haynes transversal, como também era responsável pela direção musical e produção do disco.

Até Carlos Imperial se meteu com Bossa Nova. Depois de encontrar Roberto Carlos, o seu "Elvis Presley brasileiro", cantando bem parecido com João Gilberto no palco da Boate Plaza, o gordo falastrão começou a promover o rapaz como o "príncipe da Bossa Nova". Além disso, compôs algumas canções, uma delas, "Fora do Tom", era uma parceria com Paulinho e o contrabaixista Edson Bastos, mas que, na hora de sair no selo de um 78 rotações, veio somente com o nome de Imperial. Apesar de tentar se assemelhar ao gênero musical de Vinicius, Tom Jobim e João Gilberto, a letra da composição o satirizava bastante, algo bem de acordo com a personalidade do ex-líder do Clube do Rock:

*Não sei, não entendi
Vocês precisam me explicar
Seu samba é esquisito
Não consigo decifrar
Na escola eu aprendi
E música estudei
Mas seu samba ouvi
Na mesma eu fiquei
Tentei ouvir a voz
Que existe nesse seu olhar
E pra beijar alguém
Os peixinhos fui contar*

*Responda por favor
Se isto é natural
Não durmo há mais de um mês
Por causa de vocês*

*Cheguei, sorri, venci
Depois chorei com a confusão
No tom que vocês cantam
Eu não posso nem falar*

*Nem quero imaginar
Que desafinação
Se todos fossem iguais a vocês*

*Tentei ouvir a voz
Que existe nesse seu olhar
E pra beijar alguém
Os peixinhos fui contar*

*Responda por favor
Se isto é natural
Não durmo há mais de um mês
Por causa de vocês*

*Cheguei, sorri, venci
Depois chorei com a confusão
No tom que vocês cantam
Eu não posso nem falar*

Nem quero imaginar
Que desafinação
Se todos fossem iguais a vocês

No mesmo ano do lançamento do LP de Paulinho, no dia 21 de dezembro de 1960, Fred colou grau como bacharel da Faculdade de Direito do Distrito Federal. Estava formado, com um bom emprego e em um namoro firme.

Juscelino encerrou seu mandato cumprindo a promessa de transferir a capital do país para Brasília, cuja inauguração foi em abril de 1960. Seu sucessor no Palácio do Planalto, a sede da Presidência no novo Distrito Federal, foi Jânio Quadros. Eleito com 5.636.623 votos, contra 3.846.825 do seu oponente, o marechal Henrique Teixeira Lott, Jânio obteve a maior votação até aquele momento do Brasil republicano.

Para o Rio de Janeiro, a perda do status de capital foi um baque que significou uma imediata queda no poder da elite carioca nas decisões do país. Como compensação, foi criado o estado da Guanabara, que apresentava a Cidade Maravilhosa ao mesmo tempo como estado e capital, uma cidade-estado.

O primeiro governador da Guanabara foi José Sette Câmara Filho – nomeado por Jânio Quadros –, que, em dezembro de 1960, foi sucedido por Carlos Lacerda, eleito pelo voto popular em outubro, para um mandato de cinco anos.

Na mesma eleição que sagrou Carlos Lacerda governador da Guanabara, o tio Lopo elegeu-se deputado para a Assembleia Constituinte do novo estado brasileiro, tornando-se seu presidente e um dos signatários da primeira Constituição do estado. A Assembleia Constituinte tornou-se Legislativa, com Lopo Coelho continuando como presidente. Em duas ocasiões, quando Lacerda precisou ausentar-se do governo, o tio de Fred o substituiu.

E progresso para o tio Lopo era progresso para Fred, que, recebendo um bom salário e vendo o namoro com Gisela ficar cada vez mais sério, tomou uma importante decisão. Em 1962, em mais uma recepção na cobertura dos Bellintani, ele e a jovem ficaram noivos, na presença de dona Alita, Maria, Lopo e uma contrariada Voleid, assombrada pela possibilidade de perder o único filho e a lembrança viva de Lívio para uma moça que ele tinha conhecido havia "apenas três anos". E não teve jeito: Fred passou a ostentar uma aliança no dedo anular direito.

9. A astrologia de Voleid

Tanto quanto a cabeça de Voleid diante da iminência de seu Frederico vir a sair de casa devido a um casamento, o Brasil também andava em meio a uma tempestade. O governo de Jânio Quadros jamais conseguiu obter apoio no Congresso, tendo dificuldades em aprovar projetos. Sua situação era cada vez mais complicada, até que, em abril de 1961, ele renunciou, alegando pressão de forças terríveis. Sua atitude foi tomada por muitos como uma última cartada com a finalidade de obter apoio popular e assim vencer os obstáculos no Congresso. Porém, se fora mesmo essa a sua intenção, o plano naufragou, pois a população acatou pacificamente sua decisão.

Quem deveria assumir a Presidência era o vice João Goulart, ou Jango, que se encontrava em missão no exterior. Um dos países por onde passou era a comunista China, o que foi tomado por quem almejava o poder como pretexto para contestar sua posse. Desrespeitando o que dizia a Constituição, Ranieri Mazzilli, presidente da Câmara, assumiu como presidente provisório.

Em Porto Alegre, Leonel Brizola, governador do Rio Grande do Sul, começou a organizar uma resistência em favor da posse de Jango, batizada de "Campanha da Legalidade". Pelo rádio, conclamava o povo a apoiar a posse de Jango. A campanha tomou conta do país e Goulart pôde assumir, mas sem exercer plenos poderes, pois aqueles que não o queriam no poder surgiram com um sistema parlamentarista, que o deixava impedido de administrar o país como seus antecessores.

No Beco das Garrafas, o italiano Alberico Campana pegou o ponto do Escondidinho e transformou o antigo boteco em mais uma pequena boate, o Bottles Bar. Nessa época, começaram a surgir pequenos shows elaborados por Ronaldo Bôscoli e um funcionário da TV Continental, um paulista chamado Luiz Carlos Miele. A dupla conseguia colocar no minúsculo palco da casa um conjunto com piano, contrabaixo, guitarra e bateria e mais um cantor, contando com um jogo de luz improvisado com canhões feitos com cartolina e papel celofane, além de uma cenografia à base de slides projetados na parede. Bôscoli também colocava os artistas para interpretarem os textos repletos de humor ácido que datilografava. Nasciam os *pocket shows*, uma nova coqueluche na noite carioca.

Havia muitas atrações, o cardápio era variado, renovado semanalmente. Eram nomes como o pianista Sérgio Mendes e seu sexteto, Leny Andrade, uma cantora que não devia nada a uma diva do jazz, Wilson Simonal, um cantor cheio de balanço – outra descoberta de Carlos Imperial, de quem fora secretário e a quem possibilitaram gravar seu primeiro disco –, e Lennie Dale, um bailarino norte-americano que acabou parando no Brasil e trazendo profissionalismo e a dança bossa-nova para o Beco. Ele era responsável por um dos números mais famosos da "viela musical", quando interpretava, com o seu português ainda com sotaque do Brooklyn, um dos sucessos de João Gilberto, "O Pato" (Jayme Silva e Neuza Teixeira):

> *O pato*
> *Vinha cantando alegremente*
> *Quém! Quém!*
> *Quando um marreco*
> *Sorridente pediu*
> *Para entrar também no samba*
> *No samba, no samba*

Nesse número, além de fazer suas coreografias elaboradas, o americano recebia de um dos garçons da boate uma bandeja com um *cloche* de prata, que, ao ser levantado, revelava um pequeno pato, que passava a dividir o número de dança com Lennie.

Fred, agora um advogado, continuava fazendo seu circuito pela noite do Rio, sempre se oferecendo para tocar com os demais músicos. No Beco, fez amizade com gente como o baixista Manoel Gusmão e o pianista Tenório Jr. Fred descobriu que ele e Tenório eram praticamente vizinhos, pois o rapaz, que além de músico também era estudante de Medicina, morava no Largo das Laranjeiras. Os dois passaram a frequentar a casa um do outro, fazendo um dueto no qual Frederico tocava acordeão, enquanto Tenório deslizava seus abençoados dedos sobre as teclas do piano.

Fazer parte daquela turma era o que Fred queria, mas ele tinha suas responsabilidades. Como oficial de gabinete de Lopo Coelho, o secretário de Agricultura de Carlos Lacerda, seu sobrinho precisava estar diariamente na sede da secretaria, que ficava no edifício São Borja, no centro da cidade.

Logo que começou a trabalhar, Fred, um rapaz bem-apanhado, causava um rebuliço entre o quadro feminino da repartição. Seu tio Lopo, como de costume, dava seus conselhos:

— Onde se ganha o pão não se mete o pau.

E Frederico se comportava, não só por obediência ao tio, mas por estar noivo de Gisela.

Voleid também estava incluída na ascensão de Lopo; agora, a bela viúva passara a detetive de polícia, posição ironizada por Fred, que fazia questão de lembrar a mãe do pavor que tinha de ratos e baratas.

Nesse novo emprego, Voleid acabou por nutrir um amor platônico por um colega de trabalho, um policial mais jovem. Foi um problema, pois dona Alita descobriu e passou a infernizar a vida da filha, fazendo ligações anônimas — estratégia que só funcionava no pensamento da avó de Fred, uma vez que era impossível para Voleid não identificar a voz da própria mãe — nas quais ressaltava a diferença de idade do rapaz.

— Você não se envergonha de ser uma velha se engraçando com um rapaz que tem a idade do seu filho?

Voleid estava bem longe de ser uma velha, pois tinha pouco mais de 40 anos. Continuava muito bonita, despertando paixões por onde passava. O jornalista Gilson Amado, por exemplo, era um dos encantados por sua beleza. Mas as palavras da mãe a feriam fundo e ela acabou abandonando seus sonhos de um novo amor.

Lopo tornou-se conselheiro do Fluminense, e em todas as eleições Fred o acompanhava. Foi numa delas que o tio acabou apresentando o rapaz a um primo famoso, o também tricolor apaixonado e pernambucano Nelson Rodrigues. O sobrenome do meio do jornalista e escritor também era Falcão. Certa vez, explicou para Frederico sobre a genealogia da família:

— A família Falcão tem três ramos: um no Ceará, um no Maranhão e outro em Pernambuco, que é o nosso.

Mestre em criar expressões pitorescas, quando se encontrava preocupado com algum assunto, Nelson falava para o primo:

— Fred, estou subindo pelas paredes como uma lagartixa profissional.

Quem também andava numa situação preocupante era João Goulart. Ele havia conseguido derrubar a arapuca do parlamentarismo após um plebiscito realizado em 6 de janeiro de 1963, no qual os eleitores decidiram que o presidencialismo deveria voltar a ser o regime vigente no país.

Nomeou seu ministério e tentou resolver os problemas da economia do país. Porém, enfrentou uma oposição implacável, além das cobranças dos setores de esquerda, que clamavam por mudanças como a reforma agrária.

Inocentemente, Goulart buscou ajuda por meio de empréstimos aos Estados Unidos. Mas o governo ianque – que depois da revolução em Cuba, que se aliou à União Soviética – passou a temer uma escalada comunista na América Latina, e acreditava que o Brasil corria esse risco sob o governo de Jango. Começaram a tramar a queda do gaúcho, apoiando os conservadores que desejavam tomar o poder.

Jango procurou resistir e, no dia 13 de março de 1964, realizou um comício na Central do Brasil, no Rio de Janeiro, no qual prometia reforma agrária, além de nacionalizar as empresas de serviços públicos e limitar a remessa de lucros para o exterior por parte das empresas estrangeiras. Mas em São Paulo, no dia 19 de março, cerca de 500 mil foram à Avenida Paulista pedir a queda do seu governo, o que acabou ocorrendo no dia 1º de abril, quando tropas militares tomaram o poder, empossando o general Humberto Castelo Branco. Jango, que ficou sabendo do apoio dos Estados Unidos aos golpistas, preferiu evitar uma guerra civil e não resistiu, exilando-se no Uruguai.

Com relação ao que ocorria no país, Fred continuou se comportando como de costume: manteve-se alheio a tudo. Era como se nada estivesse acontecendo; o que o preocupava era cumprir sua obrigação como assessor do tio e ouvir e tocar música. Além disso, iria dar um importante passo na vida, realizar uma grande mudança.

Às 20h do dia 11 de dezembro de 1964, na igreja Santa Margarida Maria, na Lagoa, Fred casou-se com Gisela. Os padrinhos do noivo, como não poderia deixar de ser, eram seus tios Lopo e Maria. Houve uma recepção na cobertura dos Bellintani, na qual compareceram familiares e amigos dos noivos, numa grande celebração à união dos dois jovens.

Todos estavam felizes, ou quase. Voleid não conseguia aceitar que o filho ia deixá-la. Era como se, após 27 anos, novamente perdesse Lívio. Pouco antes de Fred ir para o altar aguardar a chegada de Gisela, ela deu sua última e desesperada cartada:

– Eu estou sentindo que você vai ser muito infeliz, pois a Gisela é de Áries e você é Touro. Vai ser o seu inferno zodiacal.

10 A nossa bossa vale

Fred e Gisela mudaram-se para um apartamento em Ipanema, onde viveram aqueles primeiros dias de recém-casados nos quais tudo é felicidade. Com o bom salário que recebia, ele pôde se dar ao luxo de ter uma empregada, livrando a esposa de chegar cansada do trabalho e ainda ter de limpar a casa, fazer comida e outros afazeres domésticos.

Para o tio de Fred, a situação no regime golpista do general Castelo Branco se manteve estável. E até com uma melhora, pois, a partir de 1964, Lopo Coelho foi nomeado ministro plenipotenciário, um agente diplomático que contava com plenos poderes do governo diante de uma corte estrangeira. Nessa função, Lopo foi enviado à Suíça para participar da Conferência da Organização Internacional do Trabalho (OIT) e também à Argentina, para a Conferência Interamericana.

O governo de Castelo Branco passou a fazer uso de um artifício antidemocrático para se fortalecer e dificultar a vida da oposição. Era o ato institucional, um conjunto de leis não submetidas ao Congresso. O primeiro deles estabeleceu o general Castelo Branco como presidente; os comandantes em chefe das Forças Armadas que assinaram o ato institucional poderiam suspender direitos políticos por dez anos e anular mandatos legislativos (federais, estaduais e municipais) sem revisão judicial; o presidente poderia enviar ao Congresso propostas de mudanças sobre qualquer tema da Constituição de 1946; a eleição do presidente e de seu vice deixava de ser direta, cabendo ao Congresso Nacional a escolha do governante do país.

Em outubro de 1965, veio o Ato Institucional nº 2, que extinguiu todos os partidos existentes até então e instaurou o bipartidarismo, no qual havia a Aliança Renovadora Nacional (Arena), que apoiava o governo, e o Movimento Democrático Brasileiro (MDB). Na hora de escolher um lado, Lopo Coelho optou pelos detentores do poder e filiou-se à Arena.

Com o tio sempre tendo bom relacionamento com quem mandava no país, Fred continuava gozando de estabilidade profissional. Em setembro de 1965, ele foi um dos 75 aprovados dentre os 232 candidatos na prova para procurador do Estado promovida pelo governo de Carlos Lacerda, na qual obteve a nota 7. Trocou o Edifício São Borja pelo Estácio de Sá, sede da Procuradoria Geral do Estado.

O jovem procurador Frederico Guilherme do Rego Falcão passou a exercer a função de auxiliar forense, a qual consistia em ir aos cartórios a fim de acompanhar o andamento dos processos. Nesse novo serviço, descobriu logo de imediato que o segredo era ter bom relacionamento com os escreventes, os quais lhe passavam tudo o que precisava sem que perdesse muito tempo. Os escreventes eram verdadeiros mestres para os advogados recém-formados.

Mas, se na vida profissional Fred ia se tornando bem-sucedido, com a sua paixão, a música, tudo andava estagnado. Ele já não dava mais suas canjas no Beco das Garrafas, já que o panorama havia mudado e a viela musical da Rua Duvivier já não era mais uma referência no mundo do show. Agora os espetáculos estavam sendo apresentados em teatros, onde não havia mais a possibilidade de um desconhecido chegar e pedir para tocar com os músicos que lá se apresentavam.

Enquanto isso, os amigos do jovem advogado iam se firmando na carreira como músicos. Tenório Júnior havia se tornado um pianista bastante solicitado. O rapaz, que em 1963 já havia viajado para participar do Festival de Jazz de Mar del Plata acompanhando o saxofonista Bud Shank, no ano seguinte, enquanto os militares tomavam o poder, participou da gravação de *Vagamente*, LP que marcou a estreia da cantora e violonista Wanda Sá e do também primeiro disco do baterista Edison Machado. Além disso, também em 1964, Tenório lançou pela gravadora RGE *Embalo*, o seu LP solo, que apresentava onze temas instrumentais, sendo que cinco eram de sua autoria.

Durval Ferreira, que havia integrado o conjunto do organista Ed Lincoln (o ex-baixista Eduardo Sabóia, com o qual Fred dava canja na boate Plaza), montara seu próprio grupo, Os Gatos, e marcara um belo gol em parceria com Maurício Einhorn e Regina Werneck. Os três haviam composto "Estamos Aí", canção que foi gravada por Leny Andrade no LP de mesmo nome que a cantora que incendiava o Beco das Garrafas lançou em 1965.

Só se for agora, a bossa vai prosseguir
Todo mundo vai cantar
Nosso samba é demais
Bossa nova vai mostrar que pode arrasar
Se falar de sol, de amor, de mar e luar

E de gente que, cantando, vai
Gente que só tem na alma paz e amor
E pro mundo todo vai mostrar, então
Que a bossa nova cresce
Que a bossa nova vence
Que a nossa bossa vale
Estamos aí

E pro mundo todo vai mostrar, então
Que a bossa nova cresce
Que a bossa nova vence
Que a nossa bossa vale
Estamos aí

Em casa, sempre que ouvia no rádio a cantora interpretando "Estamos aí", Fred ficava imaginando viver felicidade semelhante à de Maurício e Durval ao ter uma música gravada pela musa do samba-jazz. De tanto ouvir a canção e pensar no sucesso de seus amigos compositores, Fred acabou tomando uma decisão: também iria compor.

Ele pegou seu Di Giorgio, o violão com o qual Voleid o presenteara, e saiu combinando acordes para criar a melodia de uma bossa. Quando Gisela soube que o marido estava tentando compor sua primeira canção, comentou:
– Você devia era fazer uma música pra mim.

A frase da jovem acabou sendo o que faltava para a inspiração de Fred deslanchar de vez. Com uns dois dias de trabalho, saiu "Você pediu um samba", canção que narrava o pedido feito por Gisela:

Você pediu pra mim
Um samba bom assim
Eu lhe respondi quando vier a inspiração
Mas agora
Tudo em mim é alegria
Expulsei melancolia
Com a tua chegada
Aqui vai como prova de carinho

> *Este samba bossa nova*
> *Que é bem dissonantinho*
> *Não é necessário*
> *Citar o seu nome*
> *Você sabe muito bem a explicação*
> *Na minha euforia*
> *Dentro da harmonia*
> *Foi que a melodia então nasceu*
> *Onda de ternura apareceu*
> *E como uma carícia me envolveu*

Quando acabou de cantar, Fred comentou com a esposa:

– Você tinha me pedido uma música e eu prometi que ia fazer, não foi? Promessa cumprida.

Nessa época, o meio musical andava entusiasmado com uma nova coqueluche, os festivais. Tudo havia começado em 1965, quando o produtor musical Solano Ribeiro organizou na TV Excelsior o 1º Festival de Música Popular Brasileira, em que a canção vencedora foi "Arrastão", de Edu Lobo e Vinicius de Moraes, interpretada por Elis Regina, que ganhou o prêmio de melhor intérprete da competição. Em 1966, ano em que Fred debutou como compositor, a TV Record também lançou seu festival, e a Excelsior promoveu a segunda edição do seu, que dessa vez não contava com Solano Ribeiro na organização – ele agora estava à frente do concurso da Record.

Já que estava com "Você pediu um samba" inédita, Fred decidiu inscrevê-la no II Festival de Música Popular. Foram 4 mil canções inscritas, e sua composição foi uma das sete escolhidas para representar o estado da Guanabara.

A canção participou da 5ª eliminatória, realizada no dia 27 de maio de 1966, no Teatro Astória, em Ipanema. Eram os organizadores da competição que designavam quais intérpretes iriam defender as canções. Para cantar "Você pediu um samba" foi escolhida a cantora Valenza Zagni da Silva, a Tuca, uma jovem de 21 anos, de belos olhos verdes, mas que sofria por não corresponder aos padrões de beleza estabelecidos, já que era gorda.

Contudo, infelizmente a estreia de Fred em festivais não foi como naquelas produções de Hollywood que ele assistia na sua adolescência nos cinemas perto de casa, nas quais o mocinho entrava em competições tendo como adversários gente com muito mais experiência, mas no final, conseguia ser o grande vencedor. "Você pediu um samba" foi muito bem defendida por Tuca, porém, não conseguiu sensibilizar a comissão julgadora e não seguiu adiante. Entretanto, no final do festival, a cantora terminou a competição como a melhor intérprete, cantando acompanhada pelo percussionista Airto Moreira a música que também sagrou-se a grande campeã da competição, "Porta estandarte", composição de Geraldo Vandré, colega de Fred na faculdade de Direito, em parceria com Fernando Lona.

Olha que a vida tão linda se perde em tristezas assim
Desce o teu rancho cantando essa tua esperança sem fim
Deixa que a tua certeza se faça do povo a canção
Pra que teu povo cantando teu canto ele não seja em vão

Eu vou levando a minha vida enfim
Cantando e canto sim
E não cantava se não fosse assim
Levando pra quem me ouvir
Certezas e esperanças pra trocar
Por dores e tristezas que bem sei
Um dia ainda vão findar
Um dia que vem vindo
E que eu vivo pra cantar
Na avenida girando, estandarte na mão pra anunciar

Embora não tivesse conseguido a classificação, para um compositor, apresentar sua primeira canção num festival com canções de todo o país não era um feito insignificante. Porém, não era suficiente para Fred. Ele queria ver seu nome estampado no selo de um disco e ouvir sua obra tocando no rádio na voz de um grande intérprete.

Em Copacabana, na Boate Porão 73, Leny Andrade estrelava, ao lado do cantor Pery Ribeiro e do conjunto Bossa 3, *Gemini V*. O espetáculo, uma criação da dupla Miele e Bôscoli, tinha o nome inspirado na corrida espacial que, em agosto de 1965, teve lançada uma cápsula norte-americana chamada Gemini V. O show prometia ao público uma viagem musical intergaláctica, apresentando canções como "Canção para um homem no espaço" (Nilo Sérgio e Silvio César), "Você e eu" (Carlos Lyra e Vinicius), "O sol nascerá" (Cartola e Elton Medeiros) e "O astronauta" (Baden Powell e Vinicius de Moraes).

Quando me pergunto
Se você existe mesmo, amor
Entro logo em órbita
No espaço de mim mesmo, amor

Será que por acaso
A flor sabe que é flor
E a estrela Vênus
Sabe ao menos
Por que brilha mais bonita, amor

O astronauta ao menos
Viu que a Terra é toda azul, amor
Isso é bom saber
Porque é bom morar no azul, amor

Mas você, sei lá
Você é uma mulher, sim
Você é linda porque é

O show foi um sucesso instantâneo, com a casa lotada e a crítica fazendo elogios rasgados. Era tanta gente que, em janeiro de 1966, acabou indo para o teatro Princesa Isabel, onde o público só fez crescer. Um desses vários espectadores do *Gemini V* era Fred, um apaixonado fã da voz de Leny Andrade. Em casa, sempre que ouvia no rádio a cantora interpretando "Estamos aí", ficava imaginando viver felicidade semelhante à de Maurício e Durval ao ter uma música gravada pela musa do samba-jazz. Fred acabou tomando uma decisão: iria fazer uma canção para que Leny gravasse.

Novamente pegou seu Di Giorgio e, com a inspiração bem aquecida, começou com uma nova combinação de acordes para criar outra bossa. Tinha como inspiração uma canção que ouvia no rádio e não lhe saía da memória, "Leviana", de Zé Keti.

O azar é seu
Em vir me procurar
Me abandona, me deixa
Não quero mais ver
A luz do seu olhar
Você manchou um lar que era feliz

E agora quer voltar
Leviana

Sinto muito, mas vai tratar da sua vida
Leviana
Precisando eu te posso dar uma guarida
Mas o meu lar
Sente vergonha como eu
O nosso amor morreu

A vontade de ter a música pronta era tanta que Fred a compôs em apenas dois dias, coisa miraculosa, semelhante às cinebiografias de compositores que via nos filmes de Hollywood. Fez a melodia em um dia e a letra no seguinte. Como não sabia escrever partitura, guardou "Vem cá, menina" – o nome com o qual batizou sua criação – na memória. Ele a mostrou a Gisela, a menina do título, que novamente aprovou o resultado. Orgulhoso do seu feito, o mais novo compositor precisava dar o importante passo seguinte: mostrar a música para Leny Andrade.

Frederico não teve dificuldade em conseguir o contato de Leny, já que seus amigos eram compositores gravados por ela. A cantora morava num prédio na praia de Botafogo, para onde ele e seu violão rumaram poucos dias depois de a canção estar pronta. Ele foi recebido afavelmente por Leny, que ouviu atentamente sua interpretação do sambinha bossa-nova que havia criado. Ela gostou, mas a vida é cheia de poréns, e Fred não era nenhuma cabeça coroada para se ver livre deles. Desde o nascimento eles apareciam em sua vida.

Logo o *Gemini V*, o espetáculo que tanto havia encantado Frederico e o convencido de que Leny Andrade seria a intérprete de sua segunda canção, acabou por se tornar o grande empecilho na realização do seu sonho. Leny, Pery e o Bossa 3 acabaram convidados para uma temporada de shows no México – a nave criada por Miele e Bôscoli ia alçar um novo voo. Sendo assim, tornou-se inviável para a cantora gravar Fred, apesar de ter elogiado um bocado "Vem cá, menina" – em poucos dias ela entraria no avião rumo à sua temporada mexicana do *Gemini V*.

Foi uma frustração sem tamanho para Fred. Tudo parecia tão fácil e de repente se mostrou caminhar para o terreno do impossível. Mas, se Leny não podia gravar sua música, ela ao menos deu ao rapaz a dica de quem haveria de fazê-lo:

— Tua canção é ótima, eu só não gravo porque estou de viagem marcada. Mas mostra para o Severino Filho, que ele grava na hora.

Fred achou ótima a dica; lembrou-se de ter folheado o jornal e de ter lido uma nota sobre um dos seus conjuntos favoritos, Os Cariocas, que estavam para entrar no estúdio para gravar um novo LP. O quarteto vocal capitaneado pelo paraense Severino Filho era um dos grandes nomes da Bossa Nova. Entrou para a história o show "Encontro", em agosto de 1962, no qual o grupo vocal se apresentou na boate Au Bon Gourmet ao lado de Tom Jobim, Vinicius de Moraes e João Gilberto. Era isso: já que Leny Andrade estaria indisponível, Os Cariocas iriam gravar "Vem cá, menina".

Num pergunta-daqui-e-dali detetivesco, Fred terminou por descobrir onde Severino Filho morava – um apartamento no Leblon. Na cara e na coragem, escolheu um dia da semana e decidiu que seria quando iria bater à porta do maestro. Saiu de casa rumo ao trabalho levando, além da sua pasta com documentos, o violão no qual tocaria "Vem cá, menina" para Severino. Na repartição, guardou o instrumento e saiu como um foguete para fazer o foro, isto é, passar pelos cartórios e verificar a quantas andavam os processos. Com a ajuda dos escreventes, agora todos seus "chapas", obteve todas as informações necessárias, as quais anotou no livro de registros, e voltou ainda mais rápido para a procuradoria. Pegou seu violão, despediu-se dos colegas e foi atrás de um táxi que o levasse ao Leblon.

Com aquela irritante sorte que os iniciantes têm, o jovem compositor passou sem problemas pela portaria do prédio da Rua Cupertino Durão, onde Severino Filho morava. Mas também, todo elegante, metido num terno e gravata e carregando um violão e uma pasta 007 – aquela que os executivos usavam e recebeu esse nome por lembrar aquela usada por Sean Connery num dos filmes do agente secreto inglês –, deve ter feito o porteiro concluir que se tratava de algum artista importante.

Quando se viu diante do apartamento do maestro, Fred ouviu o som dos Cariocas, percebendo que estavam em um ensaio. Se tocasse a campainha, iria interromper. Ao diabo – não tinha chegado até ali para ficar com pudores. Meteu o dedo no botão. A música parou e o som que ele ouviu foi o de passos vindo na direção da porta. Ele viu a maçaneta girar e, quando a porta se abriu, deparou com um homem alto e de pele morena – era o maestro Severino Filho.

— O que é?

Nu com a minha música

Vem cá, menina, pro meu samba, vem,
Mexer meu coração com a ginga que ele tem,
Vida é sambar. Samba é viver
Quem no balanço cai,
Nunca mais sai
Balansambando até morrer

Mal Fred cantou essa primeira estrofe e cada um dos integrantes do quarteto começou a acompanhá-lo com seus respectivos instrumentos.

Se o mundo é mau, e a vida é tão ruim,
Pra que colecionar tanta tristeza assim,
Vou então o meu balansamba cantar pra ver
Se a menina vem pra junto, sem fazer chiquê.

Vamos amor,
Amor amar,
Vamos amor,
Amor amar.

Em se tratando de música, Fred era todo sensibilidade, capaz de derramar todo um Rio São Francisco de lágrimas ao ouvir uma canção que o tocasse no fundo do peito. E foi assim que aconteceu logo que terminou de cantar o último verso de sua composição: seu rosto estava banhado. Ainda assim, conseguiu perguntar para o maestro:

– Vocês vão me gravar?

Severino Filho o olhou e respondeu com outra pergunta:

– O que você acha?

Fred lembrou-se do início da conversa, quando o líder de "Os Cariocas" havia lhe dito que o repertório do disco estava fechado, e não resistiu a uma ironiazinha com seu ídolo:
– Mas o senhor não disse que já estava tudo escolhido?
Demonstrando que "Vem cá, menina" havia realmente lhe causado a melhor das impressões, Severino respondeu a qual recurso iria recorrer:
– A gente tira uma música e bota a tua.
Fred deixou o apartamento de Severino Filho como se caminhasse sobre nuvens. Chegou em casa, contou a novidade para Gisela e esperou pelos trâmites legais, que eram assinar contrato e registrar em editora a música, além de saber o grande dia em que ela seria gravada.

Esse momento, o da gravação, foi ainda mais especial para Fred, pois Os Cariocas o convidaram para ir ao estúdio da gravadora Philips, pela qual o LP do quarteto vocal ia ser lançado, pelo selo Polydor. Coincidentemente, a Philips ficava no edifício São Borja, o mesmo no qual Fred trabalhara.

Durante a gravação, Fred conheceu Armando Pittigliani, diretor artístico da Philips. Armando era um rapaz que praticamente nascera no meio fonográfico, entrando para a gravadora em 1955, quando ainda se chamava Companhia Brasileira de Discos. Ele era o responsável pelo lançamento de vários nomes que andavam nas paradas, em especial, Elis Regina, a campeã do primeiro festival da Excelsior – seu primeiro LP havia sido produzido pelo fanfarrão Carlos Imperial, mas conseguiu alcançar o reconhecimento somente com o quarto disco (o primeiro pela Philips), uma produção de Pittigliani.

O disco ficou pronto e, no dia 30 de novembro de 1966, na coluna "Discos Populares" do *Jornal do Brasil*, o crítico Juvenal Portela noticiava:

> *Em fevereiro, Os Cariocas vão para o México, mas deixam para o público brasileiro um LP muito bom de título Passaporte, Polydor LPNG 4400. Através dele pode-se chegar facilmente à mensagem transmitida e que resume numa interpretação corretíssima. A primeira excursão feita por Os Cariocas incluiu Porto Rico, Nova York e Washington, onde se apresentaram na NBV-TV, num show a cores transmitido coast to coast para mais de 20 milhões de espectadores.*
> *O LP Passaporte, que eu recomendo a todos os apreciadores de um vocal inteligente, é assim: O amor é chama, Marcos-Paulo Sérgio Valle; A Banda, Chico Buarque; Razão de Voltar, Pedro Camargo e José Ari; Fim de Festa, Luís Roberto-Marcos Vasconcelos; Mais vale uma canção, Marcos-Paulo Sérgio Valle, e Quem me dera um cantor feliz, Severino Filho-Marcos*

> *Vasconcelos. Lado 2 – Lunik 9, Gilberto Gil; Tão doce é sal, Marcos Vasconcelos-Pingarilo; Vem cá menina, Fred Falcão; Amanhã ninguém sabe, Chico Buarque; Marcha de todo mundo, W. Santos-T. Souza, e Amor até o fim, Gilberto Gil.*

Ter seu nome estampado como autor da terceira canção de um LP de Os Cariocas e em meio a compositores que já flertavam com o sucesso deixou Fred com uma satisfação semelhante à de umas dez vitórias sobre o Carne Frita. Mas essa sensação de se encontrar no topo do mundo não parou por aí. Numa manhã, enquanto tomava banho para ir para a Procuradoria, como de costume, com o rádio ligado e sintonizado na Rádio Jornal do Brasil, Fred ouviu "Vem cá, menina" tocando. Era sua música sendo executada para todo o Rio de Janeiro. Ele não se conteve: desligou o chuveiro e, do jeito que estava, correu para a sala para ouvir melhor. Tinha o disco, que de tanto colocar para tocar estava quase furado, mas queria ouvir sua música mais essa vez. Afinal, ela estava no rádio. No rádio!

Fred nem se importou com o fato de que a empregada o vira como tinha vindo ao mundo. Espantada, a moça exclamou um "Dr. Fred!", que ele nem ouviu, pois o mais importante eram as vozes dos quatro cariocas interpretando sua canção. Nessa hora, as gotas de água do cabelo molhado confundiram-se com as lágrimas de felicidade que escorriam por seu rosto enquanto "Vem cá, menina" tocava na JB e, depois, quando Célio Alzer, o grande nome da emissora, mencionou seu nome como o responsável pela composição interpretada pelo quarteto.

Apelando para o bom senso, Gisela deu um puxão de orelha no marido pela sua nudez:

– Fred, nós não estamos sozinhos! Você não se dá ao respeito?

– Mas é a minha música tocando! São Os Cariocas! Os Cariocas! Meus ídolos!

Os dias se passaram e "Vem cá, menina" continuou tendo uma boa execução. No trabalho, Fred virou o funcionário-celebridade, graças aos seus dotes de compositor. Certo dia, recebeu um telefonema.

– Meu jovem, belo e querido amigo!

Era Carlos Imperial, o polivalente falastrão dos tempos em que Fred era pianista no Copa Golf.

– Fred Falcão, tenho apreciado a sua ascensão. Você é uma grande promessa como compositor. Você é muito bom. Quer ficar rico? Quer ser meu parceiro? Ser gravado por artistas populares?

Imperial realmente andava numa ótima fase, produzindo, compondo sucessos e lançando artistas bastante populares. Era uma oferta a ser considerada, mas Fred declinou, dizendo:

– Imperial, eu prefiro ser gravado por quem eu gosto, não vai dar para aceitar.

Ao ouvir a negativa, o Gordo despediu-se não tão amistosamente quanto no início da conversa.

– Hum, quer dizer que o rapaz é idealista... O cemitério está cheio de idealistas.

12 Mais tentativas de invasão

Fred acabou fazendo amizade com o maestro César Guerra-Peixe, para quem mostrou suas músicas, inclusive a mais recente composição, "Tema velho em samba novo". Guerra-Peixe, um nacionalista que na década de 1940 viveu em Pernambuco, onde realizou uma grande pesquisa sobre ritmos como maracatu, xangô e catimbó, enxergava talento no jovem compositor. Contudo, não lhe agradava a influência que o trabalho de Frederico sofria do jazz, o que o levou a dizer:

– Você é bom, mas é cosmopolita. Você tem de ser mais regional, tem de ouvir Villa-Lobos.

Mesmo assim, em sua casa na Ladeira dos Tabajaras, o maestro não se furtou a escrever a bico de pena as partituras de "Vem cá, menina" e "Tema velho em samba novo" para o jovem amigo.

Eventualmente, Fred se apresentava tocando violão com Guerra-Peixe na rabeca e Carolina Cardoso de Menezes ao piano. Essas apresentações aconteciam em saraus em casas na Zona Sul da cidade e, depois delas, Frederico levava o maestro à Ladeira dos Tabajaras, preocupado com que ele chegasse são e salvo em casa.

"Vem cá, menina" foi gravada, tocou no rádio, mas tratava-se de apenas uma canção, não era coisa suficiente para quem desejava seguir a carreira de compositor. Fred precisava ter mais músicas interpretadas por cantores de renome. E, naquele momento, a campeã de festivais, com agenda lotada de shows e programa na TV Record, Elis Regina era a detentora de todas as glórias.

Novamente, Fred pôs em prática suas habilidades de detetive particular amador. Lendo os jornais, acabou por descobrir que Elis estava morando na cobertura do namorado, Ronaldo Bôscoli, na Rua Visconde de Pirajá, no prédio do Teatro Santa Rosa, em Ipanema. Fred acabou por fazer amizade com o secretário de Bôscoli, Carlos Henriques, o Pelé. Ele pagava alguns chopes para o magrinho e risonho rapaz, que lhe contava sobre o cotidiano do patrão famoso com a namorada ainda mais famosa. Depois de algumas rodadas de chope, Fred falou para o novo amigo:

– Eu sou compositor, tenho umas músicas que gostaria muito que você mostrasse pra Elis.

Pelé se comprometeu a comentar sobre Fred com a cantora na primeira oportunidade que tivesse. Era sincero no que dizia, pois, certo dia, avisou:

– O senhor pode passar lá na cobertura amanhã, que eu o apresento.

No dia seguinte, novamente com a pasta 007 na mão esquerda e o violão na direita, Fred foi conduzido por Carlos Henriques à sala da cobertura do edifício Arpanema, onde estavam Elis, Bôscoli, seu parceiro musical Roberto Menescal, o parceiro na produção de shows, Luiz Carlos Miele, e Cassius Clay, um cão da raça boxer do dono da casa, batizado com esse nome em homenagem ao norte-americano ídolo do boxe.

Fred falou para Elis sobre "Você pediu um samba" no festival da TV Excelsior e "Vem cá, menina" gravada pelos Cariocas, no que contou com o reforço de Menescal:

– É verdade, Os Cariocas gravaram essa música no último disco deles.

O jeito de Frederico Guilherme falar, com sua tentativa de controlar a gagueira, fez com que Elis o comparasse a um dos amigos de Bôscoli, que sofria do mesmo problema na fala:

– Ronaldo, interessante, ele lembra muito o Vinhas, só que é mais boa-pinta.

Fred perguntou se poderia mostrar suas músicas e, com a resposta positiva de Elis, pegou o violão e começou a cantar suas três canções, deixando por último "Tema velho em samba novo".

Eu queria bolar um samba novo
Original e balançado
Diferente dos demais
Por não falar no velho tema
Inevitável, que é o amor
Depois de tanto, tanto insistir
Afinal não consegui
Do velho tema sair
Tendo você no pensamento
Minha eterna inspiração
Então cheguei à conclusão
Quem manda em mim é o coração

Após a exibição, Elis disse a Fred:

– Deixa uma fita aí com o Pelé, que eu vou ouvir.

Ele se despediu e entregou uma fita K7 a Carlos Henriques, deixando o local com bastante esperança de receber uma boa notícia dentro de alguns dias. Contudo, os dias foram se passando e isso não aconteceu. Até que Fred chegou à conclusão de que não teria suas canções gravadas por Elis Regina. O jeito era procurar um novo artista de renome.

A próxima figura que lhe veio à mente não era um intérprete, mas outro compositor – e o poeta Vinicius de Moraes, por coincidência, era ex-cunhado de Ronaldo Bôscoli. Não haveria problema algum em comparecer somente com a melodia; contar com um dos maiores letristas da música brasileira não seria algo tão ruim assim.

Por intermédio de um amigo chamado Pedrinho, que era saxofonista e conhecia Vinicius, Fred conseguiu um encontro com o poeta. Ele morava na Rua Faro, no Jardim Botânico. Numa manhã, o parceiro de Tom Jobim em "Chega de saudade" recebeu Fred já com um copo de uísque – a bebida que chamava de "cachorro engarrafado", por ser "o melhor amigo do homem" – na mão. Ele foi muito amistoso, e, com seu jeito sem cerimônia, fez com que sua visita se sentisse como se estivesse na própria casa. Fred mostrou as novas melodias que havia criado e perguntou:

– Você gostou?

Com seu jeitinho suave de falar, o Poetinha respondeu:

– Você deixa uma fitinha aqui. É que eu estou com muitas encomendas de outros compositores, você vai entrar na fila.

– Quem são eles?

– Tom, Francis, Edu.

Ao ouvir falar em Tom Jobim, Francis Hime e Edu Lobo, Fred perdeu o ânimo. Era gente que possuía uma experiência considerável, algo que ainda lhe faltava. Mais do que isso, além da experiência, havia o fato de já serem parceiros de Vinicius. Frederico deixou a casa do poeta sem muitas esperanças de que o "número da sua senha" fosse chamado algum dia.

Fred ainda teve uma ponta de esperança quando o crítico musical Sílvio Túlio Cardoso publicou em sua coluna "Discos Populares", do jornal *O Globo*, a seguinte notinha:

> *Vinicius de Moraes vai escrever as letras para duas melodias do novo compositor, Fred Falcão, que estreou com "Vem cá, menina" do LP Passaporte, dos Cariocas.*

Contudo, da mesma maneira que acontecera com Elis Regina, o auxiliar forense ficou aguardando uma chamada que jamais veio. O jeito era seguir em frente.

Em meio a essas novas tentativas malsucedidas de alcançar o sucesso, nessa fase, Fred ao menos teve uma alegria para lá de significativa. Depois de uns dois abortos espontâneos, no dia 13 de maio de 1968, na Maternidade São José, no Humaitá, Gisela deu à luz o primeiro filho do casal. Era um menino, que inevitavelmente recebeu o nome do pai. Quem sabe o novo Frederico não chegava trazendo melhor sorte na carreira musical que o pai tanto sonhava consolidar?

13 No novo filão

Fred percebeu que ficar limitado ao caminho entre o trabalho e sua casa não iria fazer com que suas ambições de compositor deslanchassem. Nenhum cantor, diretor artístico de gravadora ou interessado em parceria iria bater após ouvir da rua o som da sua música ecoando da janela do apartamento. Ele precisava se enturmar, procurar gente com as mesmas ambições que ele.

Antes do nascimento de seu filho, lá pelo final de 1967, Fred passou a se apresentar no Teatro Carioca de Arte, na Senador Vergueiro, nº 238, no Flamengo, onde o diretor Pedro Jorge realizava a "Vesperal de Música Popular Brasileira", na qual se apresentavam novos talentos. Ali, Fred conheceu gente como Aldir Blanc, César Costa Filho, Silvio da Silva Jr., Ronaldo Monteiro de Souza e Ruy Quaresma, o mais novo da turma, com apenas 15 anos. Com Aldir, Sílvio da Silva Jr., Ruy e César, Fred formou um grupo chamado Circuito. Com esse grupo musical, Fred saiu pela cidade em apresentações em lugares como a Universidade Gama Filho, Clube Vila da Feira e Faculdade Cândido Mendes.

Além desse pessoal, após um show, Fred conheceu Tibério Gaspar, cuja canção "Sá Marina", parceria sua com o pianista Antonio Adolfo, havia sido gravada pelo astro Wilson Simonal. O jovem letrista de 26 anos reunia vários músicos em sua casa na Rua Visconde da Graça, no Jardim Botânico, onde Fred conheceu Arthur Verocai, Franklin da Flauta, o violonista Luiz Cláudio Ramos, irmão do cantor Carlos José, o pianista Ian Guest e Paulinho Tapajós. Fred e Paulinho estreitaram uma amizade, e o rapaz o levou à sua casa, onde o apresentou ao pai, o veterano compositor e ex-diretor artístico da Rádio Nacional, Paulo Tapajós.

Ao contrário do desinibido Fred, Paulinho era muito tímido, retraído, mas também muito doce. E, fazendo valer a lei dos opostos que se atraem, os dois acabaram engatando uma parceria. Influenciado pelos conselhos nacionalistas do maestro Guerra-Peixe, o pernambucano Fred, que a vida toda ouviu "Vassourinhas", o mais conhecido dos frevos, de autoria da dupla Matias da Rocha e Joana Batista Ramos, criou uma melodia no ritmo símbolo do seu estado natal. Mostrou a Paulinho, que levou uma semana para fazer a letra.

Ah! Que saudade da minha gente
Brincando contente num rancho imenso
Penso e só faço lembrar o cantar
Do meu rancho
No primeiro luar

A iluminar lindas pastorinhas
Nas ruas todinhas por onde passavam

E o frevo era um trevo de flores tão lindo
Sombrinhas nas ruas surgindo
Eram flores se abrindo na mão

E o povo de novo contente se amava
Na dança mais quente virava
Criança a rolar pelo chão

Eu quero ouvir hoje a meninada
Cantar na calçada canções de roda
Quem sabe à moda de outrora
Senhor e senhora ainda possam cantar

Pois eu queria morrer criança
Se o tempo que avança pudesse deixar

No frevo pulava e brincava na rua
No chão derramava uma lua
E cantava pro tempo passar

Com o sucesso dos festivais das TVs Excelsior e Record, as coirmãs Globo e Tupi também aderiram ao filão. A primeira produziu o Festival Internacional da Canção (FIC), que, como o nome dizia, além da prata da casa, também contava com artistas de outros países. Já a segunda vinha com o Festival Universitário, que contaria com talentos que estivessem na faculdade. Foi nessa competição que Fred e Paulinho, estudante de arquitetura da UFRJ, decidiram inscrever o fruto da primeira parceria dos dois.

Em agosto de 1968, "Frevo da Saudade" passou pelo crivo do júri, composto por nomes como Ricardo Cravo Albin, diretor do Museu da Imagem e do Som; a professora de música Vilma Graça; os jornalistas Sérgio Cabral, Moyses Fuks e Augusto Marzagão; o cartunista Ziraldo; os compositores Braguinha, Billy Blanco e Sidney Miller; o cantor Roberto Carlos e o mestre do choro, Jacob do Bandolim. A canção foi uma das 30 selecionadas, entre as 1.223 inscritas, para a semifinal realizada no Teatro Novo, no dia 21 de agosto, na qual foi uma das 12 que foram para a grande final, no dia 24.

Já havia quatro anos que o país sofrera o golpe civil-militar, com Castelo Branco sendo substituído pelo general Arthur Costa e Silva como novo presidente. Os estudantes, as figuras centrais do festival realizado pela TV Tupi, eram a principal resistência ao regime. Em março, o estudante secundarista Edson Luís de Lima foi morto pela polícia durante um confronto no restaurante estudantil Calabouço. Os ânimos andavam exaltados, surgiam as canções com letras de protesto contra tudo o que acontecia. Conversando com o *Diário de Notícias*, Jacob do Bandolim demonstrava não ser adepto de canções de protesto, por acreditar que festivais não eram lugar para contestações.

– A rapaziada, com esse hiato das suas atividades reivindicatórias, provou que a arte não ficou de lado, e sim, pelo contrário, ocupou o primeiro plano de suas preocupações também.

Mas não era bem assim que alguns participantes pensavam. Um deles, Luiz Gonzaga do Nascimento, o Gonzaguinha, filho do rei do baião, Luiz Gonzaga, era um jovem bastante politizado. Em sua "Pobreza por Pobreza", cantava as mazelas do país que a ditadura lutava para esconder, no Brasil que afirmava se encontrar a cada dia mais próximo da perfeição, depois do golpe.

Meu sertão vai se acabando
Nessa vida que o devora
Pelas trilhas só se vê
Gente boa indo embora

Mas a estrada não terá
O meu pé pra castigar
Meu agreste vai se secando
E com ele eu vou secar

Pra que me largar no mundo
Se nem sei se vou chegar
A virar em cruz de estrada
Prefiro ser cruz por cá

Ao menos o chão que é meu
Meu corpo vai adubar
Se, doente, sem remédio
Remediado está

Nascido e criado aqui
Sei de espinho onde dá
Pobreza por pobreza
Sou pobre em qualquer lugar

A fome é a mesma fome
Que vem me desesperar
E a mão é sempre a mesma
Que vive a me explorar

Mas com seu "Frevo da Saudade", Fred e Paulinho estavam no grupo dos participantes que o mestre Jacob do Bandolim considerava dedicados somente à sua arte, uma vez que a letra da canção não trazia nenhuma mensagem contrária ou favorável ao regime político. Mesmo assim, agradava a gente politizada como o ator e dramaturgo Oduvaldo Vianna Filho, o Vianinha, que dirigia a Tupi, e era um dos entusiastas da canção de Fred e Paulinho. Ao encontrar o pernambucano, comentou:

– O seu frevo é lindíssimo, é maravilhoso, é o único frevo do grupo de músicas.

Elis Regina participou da competição defendendo uma das concorrentes, mas não era a canção de Fred, e sim "Um Novo Rumo", do amigo do pernambucano, Arthur Verocai. Para cantar "Frevo da Saudade", Lúcio Alves e Geni Marcondes, responsáveis pela coordenação musical da competição, escolheram Claudette Soares e o conjunto O Grupo. Os arranjos ficaram por conta do maestro Lindolfo Gaya.

Fred, que havia ouvido Claudette pela primeira vez no Fluminense, clube no qual ela se apresentou como *crooner* de uma orquestra, ficou satisfeito em ter sua canção na voz da grande intérprete da Bossa Nova.

Contudo, "Frevo da Saudade" não levou o troféu Bandolim de Ouro, nem mesmo ficou em segundo ou terceiro lugar. De acordo com o júri da final, composto pelo apresentador Flávio Cavalcanti; Edu Lobo; Airton Barbosa; Paulo Soledade; Marcos Vasconcelos; Dulce Nunes; Ferreira Gullar; Oscar Castro Neves; Francis Hime e Rubem Braga, a classificação da canção de Fred e Paulinho, definida pelos dois nos jornais como "um paralelo entre o ontem e o hoje de um rancho desfilando, marcando a tônica da infância", obteve a sétima colocação. Em terceiro lugar ficou "Meu Tamborim", composição de dois amigos de Fred, César Costa Filho e Ronaldo de Souza, interpretada por Beth Carvalho; "Vida Breve", de Neville Larica e Irinéia Ribeiro, com Claudette Soares – decisão contestada pela plateia, que protestou com gritos de "marmelada", levando a cantora às lágrimas – e, em primeiro lugar, "Helena, Helena, Helena", de Alberto Landi, um estudante de Química da UFRJ, cujo cantor, Taiguara, paraguaio radicado no Brasil, também levou o prêmio de melhor intérprete.

Mas "Frevo da Saudade" não foi apenas mais uma experiência para Fred; ela acabou sendo gravada por Claudette e também por O Grupo. E sua parceria com Paulinho acabou com mais uma canção indo para o vinil: "Dorinha".

> *Lá vem a Dorinha*
> *Bota e minissaia*
> *Pela praia Castelinho*
> *Toma seu chopinho e diz que vaia*
> *Quando vai ao Festival*
> *Só usa Lacoste de jacarezinho*
> *Só frequenta o Iate*
> *Country, Piraquê*
> *Pra que pensar na vida*
> *E se aborrecer*
> *Se a melhor pedida*
> *É saber viver*
> *Não dá bola pro estudo*
> *Larga sempre tudo que lhe amola o juízo*
> *Pega da vitrola e bota um disco*
> *Pilantragem que é legal*
> *Quando vai à festa*
> *Manda avisar*
> *Que ela só anda de Mustang*

Fusca não dá pé
Pois é menina linda
Eu não sei por quê
Sou igual à vida
Gosto de você

A canção era num ritmo novo que, para desgosto dos puristas, andava tomando conta do panorama musical brasileiro: a Pilantragem. Influenciados por artistas norte-americanos como Burt Bacharach, Herbie Alpert e Chris Montez, o maranhense Nonato Buzar, o cantor Wilson Simonal e o onipresente Carlos Imperial lançaram a novidade musical, que originalmente seria chamada Bossa Brasileira ou Samba Jovem, mas ficou mesmo com o nome repleto de irreverência, por insistência de "Simona". Nonato, mais uma amizade que Fred havia feito, acabou criando um conjunto chamado A Turma da Pilantragem e pediu para a dupla Falcão e Tapajós uma canção para entrar no LP que iria lançar. Foi daí que saiu "Dorinha", cuja musa foi Dora, a irmã de Paulinho.

E quase ao mesmo tempo que compunha com Paulinho, Fred também começou a fazer música com Aldir Blanc. O estudante de Medicina de 22 anos exercia um grande fascínio sobre Fred, que admirava bastante a capacidade do rapaz de criar letras repletas de originalidade – uma delas, a que causava maior impressão no autor de "Vem cá, menina", falava sobre o cigarro causar câncer.

Aldir começou a frequentar o novo endereço de Fred, seu apartamento próprio, na Rua Pacheco Leão, nº 320, e passou a fazer letras para as melodias que o auxiliar forense criava. Os dois varavam a noite num quarto do imóvel transformado em escritório, no qual as músicas de Fred eram compostas. Gisela aparecia levando lanches para a dupla e depois voltava para o quarto do casal.

Parecia mal de compositor, mas, assim como Paulinho Tapajós, Aldir também era muito tímido e um tanto nervoso, suando nas mãos e balançando as pernas a todo momento. Mas não tinha razão para isso, pois era dono de um enorme talento. Quando não terminava de criar as letras, levava para casa uma fita gravada por Fred e voltava com o trabalho pronto. Uma coisa ou outra era modificada pelo parceiro, mas muito pouco, já que Frederico considerava Aldir o Nelson Rodrigues dos letristas.

Uma das canções que Fred e Aldir compuseram foi uma marchinha chamada "Três dias – Carnaval".

Ontem, foi você, menina
Minha colombina
Eu ousei sonhar
Mas na terça, de rainha
Não mais foi minha
Não quis nem me olhar

Fred ficou maravilhado com "Três dias – Carnaval" e achou que seria muito bom se ela entrasse no II Festival Universitário da Tupi. Aldir concordou e eles a inscreveram. Mas logo depois o parceiro mudou de ideia e acabou retirando a música da competição, para desgosto de Fred.

Aldir tinha mais três canções com outros parceiros inscritas e Fred não perdoou:

– Naturalmente você achou que elas eram mais fortes.

As canções inscritas por Aldir foram classificadas. Eram: "De esquina em esquina" (com César Costa Filho), defendida pela cantora Clara Nunes; "Nada sei de eterno" (com Sílvio da Silva Júnior), cujo intérprete era Taiguara; e "Mirante" (com César Costa Filho), na voz de Maria Creuza. Depois desse incidente com o festival, a parceria com Fred terminou, deixando quatro canções que ficaram sem ser gravadas.

Mas, se a produção com Aldir foi abruptamente encerrada, a fonte de músicas em parceria com Paulinho Tapajós deixava a impressão de ser inesgotável. Uma delas, "Maria Aninha", entrou no LP de uma das integrantes do grupo de amigos dos dois, Beth Carvalho.

Maria Aninha bonita
De olhos de areia
Da lua cheia, do riso
Do amor preciso
Maria Aninha bonita
De olhos de areia
Tanto eu andei à procura
Do teu sorriso
Trouxe rosas da campina
Pra menina do lindo olhar
Trouxe alegria sorriso aberto ao chegar
Vim de longe de outra estrada
A madrugada me acompanhou
No meu caminho apressado pra te encontrar

> *No meu carinho cansado de te esperar*
> *Maria Aninha bonita do rosto amigo*
> *Amor antigo dos sonhos de namorada*
> *Vim correndo vim dizendo*
> *A quem ouvisse ao vento à flor*
> *Não foi tolice o que eu disse*
> *Foi mal de amor*
> *Maria Aninha quem me dera*
> *Ter de novo o teu lindo olhar*
> *No meu caminho apressado pra te encontrar*
> *No meu caminho cansado de te esperar*

Beth gravou essa canção de Fred e Paulinho para o seu LP, mas não era a primeira vez que fazia isso com a obra da dupla. Sempre que iam inscrever música em algum festival, pediam para a jovem gravá-la a fim de entregar a fita para a organização do evento. E não eram apenas os dois rapazes que faziam isso: nove entre dez membros da turma de novos talentos iam com Beth a um estúdio que um conhecido mantinha no seu apartamento em Ipanema fazer o registro.

Além da amiga Beth, Fred e Paulinho também tiveram uma composição gravada por Dóris Monteiro. A intérprete favorita do compositor Fernando César, famosa por canções como "Dó ré mi" e "Joga a rede no mar", colocou sua bela voz no samba "Violão meu rei".

> *Vim, no verso*
> *E na canção*
> *Cheguei, sou cantor*
> *E o violão meu rei*
>
> *Fiz da rua*
> *O meu lugar*
> *Pra lua me escutar*
> *E o povo inteiro acompanhar*

Na mesma época em que Beth Carvalho e Dóris gravavam sua música, Fred recebeu uma ligação de um velho conhecido:
– Meu jovem, belo e querido amigo Fred Falcão.
Era Carlos Imperial, que, apesar da aparência de um brucutu de camisa havaiana, não era de guardar rancores. Fred havia recusado a proposta

de se tornar seu parceiro para comporem canções que seriam gravadas por artistas cafonas, mas ele se mostrava interessado nas músicas do pernambucano para um trabalho que ia realizar. Pela segunda vez, Imperial estava produzindo "A beleza que canta", um LP de Clara Nunes, e procurava músicas para formar o repertório da cantora.

– Eu estou produzindo o novo LP de Clara Nunes e quero que você faça uma música para ela e entregue ao meu maestro, o Leonardo Bruno.

Na verdade, Leonardo Bruno se chamava Bruno Ferreira, era um excelente guitarrista, filho do clarinetista Abel Ferreira. Além de mudar o nome do rapaz, Imperial custeou seus estudos para que se tornasse maestro, um investimento que se mostrou bastante acertado.

Dessa vez, Fred terminou por aceitar o convite de Carlos Imperial, pois admirava bastante a voz de Clara Nunes, cujo primeiro sucesso era justamente uma canção do Gordo, "Você passa eu acho graça", uma parceria com o mestre Ataulfo Alves, que fez com que muito compositor sentisse inveja do feito do ogro das camisas estampadas.

Imperial recebeu da parceria de Fred com Paulinho Tapajós um samba chamado "Até voltar":

Já vou
Preciso conversar com a lua amiga
Não posso me deitar sem que eu lhe diga
Dos sonhos das manhãs que chorei

Já vou
Assim que o violão abrace a rosa
Vestida de canção
Cheia de prosa

Eu sento na calçada
Canto o céu e a madrugada
Amiga e amada
Do cantor

O vento faz morada no meu rosto
Quanto agrado em mim faz gosto
A companhia

> *Se eu deixar a rua e for embora*
> *A minha lua logo chora*
> *Que tristeza*
>
> *Prefiro esperar*
> *Até chegar o sol*
> *Depois vou*
>
> *Adeus*
> *Meu céu, luar, canção, viola amiga*
> *Já vem chegando o sol da despedida*
> *Levando o meu luar, sozinha não vou mais ficar*
> *Até amanhã, até voltar*

No estúdio da Odeon, onde o disco foi gravado, entre junho e agosto de 1969, além da onipresença e onisciência de Carlos Imperial, o que deixou Fred impressionado – porém, positivamente – foi a belíssima voz de Clara e sua doçura e simplicidade no trato com as pessoas.

Outra da sua safra de composições foi "Em qual estrada", cuja inspiração veio de maneira bastante dolorosa para Fred. Pouco tempo depois do nascimento do seu primeiro filho, Gisela engravidou novamente. Porém, devido aos problemas que enfrentara antes de dar à luz o pequeno Frederico, a gravidez foi de risco e a criança acabou nascendo com seis meses de gestação. Era uma menina, que, em homenagem ao pai de Fred, se chamou Lícia. Mas a criança sobreviveu apenas por algumas horas na incubadora da Maternidade São José, vindo a falecer. Foi uma dor sem tamanho para Fred, que, de maneira catártica, ao chegar em casa, quase mediunicamente, apanhou seu violão e, enquanto as lágrimas escorriam, compôs uma valsa, a qual gravou numa fita e entregou a Paulinho, que, dias depois, apareceu com a letra pronta:

> *Sigo por caminhos do seu silêncio*
> *Por estradas de não chegar*
> *Sigo tão sozinho, perto da ausência*
> *Do sorriso do seu olhar*
> *Você partiu, por onde*
> *Em qual lugar*
> *Em qual canção*
> *Em qual luar*

Em qual estrada
Eu fiquei sem flores na primavera
Longa espera me acompanhou
Como a lua branca, sem madrugada
Minha amada aqui estou...

Em setembro, ia ser realizado mais um Festival Universitário da Tupi, e a dupla decidiu inscrever "Em qual estrada" na competição. Mais uma vez, Fred teve sua composição aprovada na primeira peneira realizada pela organização. Novamente, Lúcio Alves era o diretor musical, e, conversando com a dupla de autores, deu sua indicação de intérprete:
– Tem que ser Maysa.
Maysa era uma estrela, uma das cantoras de maior sucesso do país. Era passional, interpretava sambas-canções e boleros que narravam dores de amor, algo que era uma constante em sua atribulada vida particular, tornada pública nas páginas dos jornais. Maysa era mais uma das estrelas pelas quais Fred nutria admiração, então não achou ruim.
A fita foi mostrada para a cantora e, dias depois, Lúcio Alves marcou um encontro entre os autores de "Em qual estrada" e sua futura intérprete no restaurante que havia em frente à TV Tupi, ponto de encontro dos artistas da emissora da Urca. Fred ficou hipnotizado pelos famosos olhos verdes de Maysa, os quais vira tantas vezes nas capas dos discos que ouvia. Ela teceu um comentário elogioso a "Em qual estrada":
– Essa música é maravilhosa, quando escutei, eu chorei.
Ela quis saber como a canção nascera e Fred contou todo o drama que havia vivido com o nascimento e a morte da pequenina Lícia. Quando terminou de contar sua história, notou que os famosos olhos verdes estavam marejados.
No dia 4 de setembro de 1969, "Em qual estrada" participou da primeira eliminatória do II Festival Universitário da Música Brasileira, realizada no Teatro João Caetano. O presidente do júri era o veterano compositor Braguinha. Um pouco antes de subir ao palco para defender a canção, Maysa fez um comentário desanimador para Fred:
– O Braguinha é o presidente, ele é meu primo. Ele é imprevisível, acho que a gente não vai se classificar.
A previsão pessimista de Maysa acabou se concretizando. Apesar de ter sido bem recebida pelo público presente no teatro do centro do Rio, "Em qual estrada" não ficou entre as doze canções que iriam disputar a grande

final no dia 6 de setembro. A suspeita da cantora sobre alguma influência de Braguinha no resultado era apenas paranoia, pois festival tinha dessas coisas, havia canções que se classificavam e outras que ficavam de fora, o que acabou acontecendo com "Em qual estrada". O vencedor da segunda edição do festival foi Gonzaguinha, com "O Trem", mais uma letra de teor político.

> *Uma prece a quem passa, rosto ereto*
> *Olhar reto, passo certo*
> *Pela vida, amém*
> *Uma prece, uma graça, ao dinheiro recebido*
> *Companheiro, velho amigo, amém*
> *Uma prece, um louvor ao esperto enganador*
> *Pela espreita e a colheita, amém*
>
> *Eia! E vai o trem num sobe serra, desce serra, nessa terra*
> *Vai carregado de esperança, amor, verdade e outros "ades"*
> *Tantos males, pra onde vai?*
> *Quem quer saber?*
> *Sem memória e sem destino*
> *Eu ergo o braço cego ao sol*
> *De um mundo meu, meu só*
> *Me reflito, o pé descalço, a mão de lixa*
> *A roupa rota, o sujo, o pó, o pó, o pó, o pó*
>
> *Morte ao gesto de uma fome*
> *– É mentira!*
> *Morte ao grito de injustiça*
> *– É mentira!*
> *Viva em vera igualdade: o valor*
>
> *Eia! E vai o trem num sobe serra,*
> *desce serra, nessa terra*
> *Vai carregado de esperança, amor,*
> *verdade e outros "ades"*
> *Tantos males, pra onde vai?*
> *Quem quer saber?*
>
> *Sob as luzes da cidade há cor alegre*
> *Há festa, a vida ri sem fim*
> *Nem meu dedo esticado traz um*

pouco o gosto
O doce mel pra mim, pra mim, pra mim, pra mim

Viva o tempo sorridente que me abraça
Viva o copo de aguardente que me abraça
Morte ao trabalhador sem valor

Eia, eia! E vai o trem num sobe serra, desce serra, nessa terra
Vai carregado de esperança, amor, verdade e outros "ades"
Tantos males, pra onde vai?
Quem quer saber?
Uma prece, um pedido,
Um desejo concedido a você na omissão, amém
Uma prece, uma graça,
Pelo pranto sem espanto e a saudade consentida, amém

Minha prece, meu louvor ao adeus
Mão contra o vento
Na partida desse trem, amém

Eia! E vai o trem num sobe serra, desce serra, nessa terra
Vai carregado de esperança, amor, verdade e outros "ades"
Tantos males, pra onde vai?
Quem quer saber? Quem quer saber?

O momento durante o qual o FIC acontecia era tenso para as artes. Em dezembro de 1968, o ditador Costa e Silva decretou o quinto ato institucional do regime golpista. Se os outros atos institucionais haviam acabado com o pluripartidarismo e estabelecido eleições indiretas, entre outras artimanhas para lesar o Estado democrático, o AI5 era ainda mais perverso em sua intenção de manter os golpistas no poder. No novo ato, predominavam cassações de opositores do regime, o fim do *habeas corpus* e a censura prévia, à qual imprensa e artes em geral tinham de submeter matérias, peças, filmes e canções – e, se nos lembrarmos de como dona Voleid entrou para o órgão, podemos pensar que não era um órgão que primasse pela avaliação dos funcionários que fariam parte dele – a mãe de Fred podia ser amante da cultura, mas a grande maioria era gente como o sujeito que pediu a prisão de Sófocles, autor da peça "Electra", considerada subversiva pelo funcionário padrão, sem atentar para o fato de que o homem morrera em

406 a.C. Muitos foram presos, até mesmo Carlos Imperial, que, pelo que se sabia, assim como Fred, era alheio aos acontecimentos políticos. O Gordo havia mandado um cartão de Natal com uma foto sua sentado na privada para amigos e desafetos, que acabou chegando às mãos dos militares, os quais a interpretaram como deboche ao regime. Custou ao "Impera" um mês no presídio da Ilha Grande, em janeiro de 1969. Contra a truculência do regime, alguns artistas acreditavam que usar o poder de seus versos era a arma que tinham ao seu alcance. Poderia não derrubar os golpistas, mas suas denúncias incomodariam um bocado, fazendo com que a censura endurecesse cada vez mais.

A edição de 1968 do FIC ficou marcada por uma canção que criticava de maneira explícita o atual regime. Seu autor era Geraldo Vandré, colega de Fred na faculdade de Direito, que apresentou "Pra não dizer que não falei das flores", interpretada por ele mesmo, somente com voz e violão:

> [...]
> *Há soldados armados*
> *Amados ou não*
> *Quase todos perdidos*
> *De armas na mão*
> *Nos quartéis lhes ensinam*
> *Uma antiga lição*
> *De morrer pela pátria*
> *E viver sem razão*
>
> *Vem, vamos embora*
> *Que esperar não é saber*
> *Quem sabe faz a hora*
> *Não espera acontecer*
> [...]

A canção tornou-se a favorita do público e seu segundo lugar gerou revolta. O primeiro lugar foi para uma composição de Tom Jobim e Chico Buarque, "Sabiá", vaiada pelas 20 mil pessoas que se encontravam no Maracanãzinho, tornando impossível para qualquer um ouvir as vozes de Cynara e Cybele, suas intérpretes. O público preferia a identificação imediata com a mensagem de protesto de Geraldo Vandré, sendo incapaz de perceber a sutileza dos versos de "Sabiá", que falavam do exílio, a opção adotada por brasileiros que eram contrários ao regime golpista.

*Vou voltar
Sei que ainda vou voltar
Para o meu lugar
Foi lá e é ainda lá
Que eu hei de ouvir cantar
Uma sabiá*

O Festival Internacional da Canção de 1969, realizado dias depois do Festival Universitário da Tupi, foi o primeiro sob a repressão do AI5, o que fez com que as mensagens mais explícitas contra o regime – que agora era assumidamente uma ditadura – ficassem bem nas entrelinhas. Fred e Paulinho Tapajós foram convidados por Augusto Marzagão a apresentar uma canção para competir no IV FIC. Os dois inscreveram "Minha Marisa":

*Na cidadezinha antiga
minha Marisa morava
rente à rede da varanda
verso e ciranda cantava*

*Tinha o gesto de menina
e um rosto lindo de amada
eu deitava na colina
ao sol e amava*

*Vento que ventou virou nosso amor
Nas asas do tempo se desmanchou
e a cidadezinha antiga virou
cantiga de cantador*

*Passou-se o tempo a dor ficou
No pensamento envelheceu
Só quem não ventou no vento fui eu
Me abriguei nesta canção pro meu coração
Não ter por quem chorar*

*Na cidadezinha antiga
minha Marisa morava
rente à rede da varanda
verso e ciranda cantava*

*Quem me dera essa menina
voltasse ao vento da estrada
Eu deitava na colina ao sol
E amava até morrer*

*Minha Marisa
eu amava até morrer
Minha Marisa
eu amava até morrer
minha Marisa*

    A inspiração para Fred compor a melodia veio da visão diária que tinha do Jardim Botânico da janela de seu apartamento na Rua Pacheco Leão. O auxiliar forense fez a canção como uma toada moderna, gênero que havia se tornado bastante popular com "Sá Marina", composição do pianista Antonio Adolfo em parceria com Tibério Gaspar, transformada num enorme sucesso na voz de Wilson Simonal e que marcou a popularização desse estilo. Desta vez, a Marisa da letra não era nenhuma jovem conhecida pelos dois, eles apenas desejavam um belo nome feminino e acabaram escolhendo o que deu nome à composição.

    Como Wilson Simonal era o cantor de maior popularidade do momento e "Minha Marisa" era uma toada moderna, mesmo gênero de "Sá Marina", Fred e Paulinho tomaram a decisão de convidá-lo para ser o intérprete de sua música no IV FIC. Entretanto, as coisas não eram tão simples. A popularidade de Simonal era um trunfo a favor, mas não apenas Fred e Paulinho reconheciam que ter o carismático cantor como intérprete fazia uma canção entrar na competição com uma considerável vantagem. Outros autores pensavam da mesma forma e também queriam contar com a voz do ídolo. Antonio Adolfo e Tibério Gaspar, os autores de Sá Marina, iam competir com "Juliana", mais uma toada moderna, e também desejavam contar com Simonal no Maracanãzinho. Além disso, o jornalista e compositor Sérgio Bittencourt, filho do mestre Jacob do Bandolim, também queria o cantor defendendo "Quem mandou", sua composição com Eduardo Souto Neto.

    Por coincidência, Simonal havia sido escolhido presidente do júri do IV Festival Internacional da Canção. Na edição de 25 de setembro de 1969 do *Diário de Notícias*, na matéria "A fala do presidente", "Simona" elogiou vários artistas, entre eles, Fred, a quem classificou como tendo "muito bom gosto harmônico" e "um pesquisador". Também ressaltou que estava no evento apenas para dar apoio aos artistas, que não iria votar, a não ser no caso de empate, dando o voto de Minerva.

O regulamento do festival dizia que um intérprete só poderia defender uma única canção. Simonal gostava das três composições dos autores que o cortejavam, chegando a criar um impasse ao declarar que gostaria de cantar todas ou, então, brincando, afirmar que estava prestes a fazer um sorteio "nos palitinhos de fósforo". Mas por fim sua participação como presidente do júri foi vista como um conflito de interesses na competição caso ele também participasse como intérprete, sendo melhor não cantar nenhuma canção que estivesse na disputa, o que pôs fim à disputa pela valorizada voz do cantor.

O IV FIC não ia contar com a participação de Elis Regina, que também deu depoimento ao *Diário de Notícias* com sua justificativa para a ausência:

> *Festival é bom para principiante. Se um profissional consagrado vencer, não fez mais do que sua obrigação. Caso contrário, ele já não é mais o mesmo. Pessoalmente nunca tive problemas com festivais, mas minha carreira já está numa altura de Olympia de Paris, discos em Londres e na Suécia, e não posso mais arriscá-la num festival em que nunca se sabe o que o público quer. O intérprete pode até receber um rolo de papel higiênico na cara e ouvir dizer que sua classificação foi marmelada – tudo isso sem poder reagir. Seria a mesma coisa que, sendo eu um cosmonauta que pisasse na Lua, fosse depois correr em Indianápolis.*

Quem acabou defendendo "Minha Marisa" foram os Golden Boys, o quarteto vocal que tempos atrás fora submetido à aprovação da censora Voleid do Rego Falcão, tendo a presença de seu filho como um admirado espectador. O conjunto dos irmãos Correa e do primo Valdir também já era conhecido de Paulinho Tapajós, tendo interpretado junto com Beth Carvalho "Andança" (com Edmundo Souto e Danilo Caymmi), canção com a qual conseguiu o terceiro lugar no FIC de 1968 e que se tornara, até aquele momento, seu maior sucesso. Os arranjos ficaram por conta do maestro Orlando Silveira, que na introdução fez uso de um violão de doze cordas, ressaltando o estilo toada moderna da composição.

"Minha Marisa" chegou à final da fase nacional do IV FIC. Na noite do dia 28 de setembro de 1969, Fred testemunhou um Maracanãzinho lotado com um público ávido por ver a apresentação das canções.

Sua composição com Paulinho teve uma ótima receptividade, com a audiência acompanhando o canto dos Golden Boys. Porém, havia outras fortes concorrentes, como a "Juliana" de Antonio Adolfo e Tibério Gaspar, interpretada pelo conjunto capitaneado pela dupla, a Brazuca; a revolucionária "Ando meio desligado", de – e com – Os Mutantes; e "Cantiga para Luciana", uma valsa interpretada com todo o sentimento por Evinha, irmã dos irmãos Correa, com melodia de Edmundo Souto e letra do parceiro de Fred, Paulinho.

Enquanto as notas dos jurados eram conferidas para a revelação dos vencedores, o presidente Wilson Simonal deu um pequeno grande show, no qual transformou o Maracanãzinho num enorme coral, que obedecia fielmente a todas as orientações do maestro da pilantragem. O cantor, que era uma atração secundária, diante do convidado de honra, o pianista Sérgio Mendes, que se tornara um vitorioso nos Estados Unidos, terminou por proporcionar um momento que entrou na história da música brasileira, ao transformar o público que lotava o Ginásio Gilberto Cardoso em um gigantesco coral que seguia todas as suas orientações.

Quando o resultado saiu, "Minha Marisa" terminou em quinto lugar na fase nacional do IV FIC, seguida por "Razão de paz pra não cantar" (Eduardo Lages e Alésio Barros), interpretada por Cláudia, vencedora como melhor intérprete; e "Visão Geral" (César Costa Filho e Ruy Maurity, irmão de Antonio Adolfo), na interpretação do conjunto 004. O segundo lugar ficou com a "Juliana" de Antonio e Tibério, defendida pela Brazuca, o conjunto formado pelos dois e mais uma penca de ótimos músicos. A grande vencedora da noite foi "Cantiga por Luciana", uma valsa cuja melodia era de Edmundo Souto e a letra de Paulinho, a quem, para a imprensa, Fred se referia como "o Vinicius da época". Quem cantava – e deixava o público surpreendentemente comportado – era Evinha, irmã dos três Golden Boys.

Manhã no peito de um cantor
cansado de esperar só
Foi tanto tempo que nem sei
das tardes tão vazias
por onde andei

Luciana, Luciana,
sorriso de menina

dos olhos de mar...
Luciana, Luciana
abrace essa cantiga
por onde passar

Nasceu na paz de um beija-flor,
em verso, em voz de amor,
já desponta, aos olhos da manhã,
pedaços de uma vida
que abriu-se em flor

A valsa de Edmundo Souto e Paulinho Tapajós não parou por aí, pois também seria vencedora da fase internacional do IV FIC. Fred saía com um quinto lugar, mas já não era mais um compositor desconhecido. Um pouco antes do FIC e do Festival Universitário, ganhou um perfil na edição de 21 de agosto de 1969 do *Jornal do Brasil*, que apresentava com perfeição o compositor e auxiliar forense:

> *[...] Fred Falcão é uma figura inquieta e risonha, que não para um minuto no lugar e faz questão de elogiar com definições pomposas seus amigos e parceiros.*

Os festivais viraram um filão tão grande a ser explorado que, com o fim do ano chegando, a TV Tupi, juntamente com a Secretaria de Turismo, surgiu com a ideia de promover um com músicas para o Natal. Tão logo soube do anúncio do I Concurso de Música Natalina, cheio de apetite, Fred pegou seu Di Giorgio e começou a trabalhar numa nova melodia para o parceiro Paulinho Tapajós colocar mais uma de suas belas letras. Assim que ficou com a música pronta, o advogado compositor correu para mostrar sua nova criação para o parceiro, a qual a dupla inscreveria no novo festival da emissora da Urca. Era num gênero chamado acalanto, típico das canções de ninar, famoso por uma composição de Dorival Caymmi. Entretanto, a reação de Paulinho após ouvir a melodia e as intenções de Fred foi um cruel anticlímax:

– É bonita a melodia, mas eu não acredito em música de Natal.

Fred tinha um festival se aproximando, uma melodia pronta, mas e a letra? Estava sem parceiro, precisava conseguir outro.

No mesmo grupo que se reunia na casa de Tibério Gaspar, no qual Fred conhecera Paulinho, o pernambucano também havia travado contato com outro jovem letrista, Arnoldo Medeiros. Parceiro de artistas como Arthur Verocai, Edmundo Souto e até de Paulinho, o jovem de 24 anos já havia participado de vários festivais, além de ter, ao lado do também compositor Paulo Sérgio Valle, produzido e dirigido os shows semanais do Movimento Musicanossa no Teatro Santa Rosa, outro local frequentado por Fred Falcão, que acabou por convidá-lo para ser o letrista da melodia que havia criado para o Festival da Canção Natalina.

Arnoldo aceitou a proposta e começou a trabalhar a letra, surgindo dias depois com "Natal de nós dois":

> *Hoje a noite serena*
> *Se enfeitou de canções*
> *Lindos sonhos antigos*
> *Brincam nos corações*
> *Alegria passeia*
> *Colorida de paz*
> *Vê meu amor*
> *É Natal*
> *E é lindo poder te abraçar*
> *Viver tanta felicidade*
> *Uma estrela faceira*
> *Namorou o luar*
> *E o sorriso da brisa*
> *Fez o mar suspirar*
> *E é você, minha amiga*
> *Meu eterno Natal*

A canção foi inscrita e, como acontecera nos festivais universitários, Lúcio Alves também era o diretor musical. Mais uma vez, o veterano cantor determinou quem iria interpretar a canção. Dessa vez, comunicou a Fred fazendo uma venturosa previsão:

– Você vai ganhar o festival. Mas quem tem de gravar é a Cláudia, a maior cantora do Brasil.

Cláudia, cujo nome de batismo era Maria da Graça, havia acabado de ganhar o prêmio de melhor intérprete do IV Festival Internacional da Canção. Fred sabia quem era, pois participara da competição com "Minha Marisa" e tivera uma boa prova da sua excelente voz em setembro, no Maracanãzinho. Lúcio fizera uma boa escolha, sim. E quem sabe sua previsão não se concretizava?

"Natal de nós dois" passou fácil pelas eliminatórias, chegando à final da competição, realizada no dia 14 de dezembro de 1969, no Teatro João Caetano. Fred e Arnoldo tinham concorrentes de peso como Zé Kéti, que vinha com uma composição chamada "Bem estar social"; o pernambucano Lourenço da Fonseca Barbosa, o Capiba, concorrendo com "Sino, claro sino", parceria com Carlos Pena Forte Filho, e até o irmão caçula de Carlos Imperial, Paulo, participando ao lado do parceiro, o paraguaio Fábio, com "Folha de papel".

Além da apresentação das músicas concorrentes, a noite de decisão do festival também contou com a apresentação de artistas da TV Tupi declamando poemas natalinos de Manuel Bandeira, Olavo Bilac, Vinicius de Moraes, Gonçalves Dias e do amigo do avô de Fred, Leovigildo, lá em Recife, Ascenço Ferreira.

Paulinho Tapajós, que não se animara a participar do festival com Fred, terminou por fazer parte do júri, que também contava com nomes como os jornalistas Lúcio Rangel, Eneida e Nestor de Holanda, e tinha como presidente outro jornalista, Ricardo Cravo Albin, também presidente do Museu da Imagem e do Som.

Quando o resultado saiu, "Folha de papel" ficou com o terceiro lugar, "Sino, claro sino" com o segundo e a campeã foi "Natal de nós dois". Finalmente, Fred desencantava e conseguia um tão almejado primeiro lugar em um festival. Arnoldo Medeiros provou ser um parceiro pé-quente, já que logo na primeira canção que compôs na nova parceria obteve uma vitória. Além do troféu Assis Valente – uma homenagem dos organizadores do festival ao autor da bela e melancólica "Boas Festas" (Eu pensei que todo mundo/Fosse filho de Papai Noel) –, a dupla também recebeu 5 mil cruzeiros novos pelo primeiro lugar.

Lúcio Alves provou que entendia mesmo de intérpretes, pois Cláudia, sua aposta para defender "Natal de nós dois", foi novamente escolhida melhor intérprete, recebendo o troféu Carlos Galhardo. O prêmio de melhor arranjo foi para o maestro Guerra-Peixe, que recebeu o troféu Pixinguinha, e, ao reencontrar Fred no palco do Teatro Carlos Gomes, demonstrou sua satisfação ao ver o jovem amigo compositor vencendo com uma composição que não tinha tanta influência do jazz:

– Meu filho, você deixou de ser cosmopolita!

O jovem casal Lívio e Voleid. Com poucos dias,
o destino deixaria o recém-nascido Fred sem o pai.

Voleid com o pequeno Fred. Uma relação
marcada por dores e delícias.

Ainda em Recife, começando a tomar intimidade com o violão.

Os tios Maria e Lopo Coelho. O deputado seria a figura paterna de Fred, seu grande mentor.

No Copa Golf, Fred, o jovem pianista de 17 anos no embalo do rock' n' roll.

Frederico do Rego Falcão, advogado.

O casamento com Gisela, a inspiradora das primeiras composições.

Na gravadora Odeon, Fred com Clara Nunes e o jornalista João Victorino, no lançamento do LP A beleza que canta, no qual a cantora gravou "Até voltar", sua parceria com Paulinho Tapajós.

Fred e Arnoldo Medeiros, a parceria que rendeu grandes sucessos.

Com o parceiro Paulinho Tapajós e os Golden Boys em Viña del Mar, prontos para competir no festival.

Fred, suas enteadas Luzia e Carol, e sua mulher, Vera. Festejando o amor.

Com Vera, reencontrando César Camargo Mariano.

Na gravação de "Voando na canção", com o parceiro Marcelo Silva e Leny Andrade: samba iluminado.

Fred e Os Cariocas. A partir da esquerda: Neil Teixeira, Fred, Hernane Castro, Severino Filho e Eloi Vicente.

Fred com a filha Flávia e as netas Clara, Elisa e Júlia.

Num dos saraus no apartamento de Laranjeiras:
Fred, Belchior, Adonis Karan e Miele.

No estúdio, a sua igreja.

Internacional

Além de ter rendido um quinto lugar e ter visto a boa receptividade do público que lotava o Maracanãzinho para "Minha Marisa", o FIC 1969 trouxe outro importante dividendo para Fred. Embora não tenha podido contar com Wilson Simonal como intérprete de sua canção em parceria com Paulinho Tapajós, Frederico teve seu talento reconhecido pelo cantor, que, poucos dias após o festival, ligou para ele com um pedido:

– Eu quero que você mostre umas músicas para o César Camargo Mariano escolher uma para abrir meu LP.

Como foi dito anteriormente, a Pilantragem tinha três pais: Simonal, Carlos Imperial e Nonato Buzar. Porém, talvez o descompromissado gênero musical não tivesse obtido o mesmo sucesso se não fosse por César Camargo Mariano, que, além de ser um talentosíssimo pianista, era um arranjador para o qual qualquer superlativo era insuficiente. O homem era capaz de pegar a canção mais banal e transformá-la numa sinfonia.

Fred foi se encontrar com Simonal e seu maestro em Copacabana, no Savoy Hotel, onde o cantor costumava ficar quando vinha de São Paulo, onde vivia a maior parte do tempo como um dos contratados da TV Record, apresentando o seu *Show em Si... monal*. O compositor levou três músicas que tinham acabado de sair do forno, frutos da sua parceria com Arnoldo Medeiros. Diante de Simona e César Camargo Mariano, num teclado que havia no quarto, começou a tocar a primeira, "Sem essa", um funk, ritmo americano, que começava a tocar no Brasil na voz do cantor James Brown, que Fred ouvia na Rádio Tamoio.

Eu não vou nessa história
Eu não vou
Nem me chame que eu não estou

Eu não sou quem você pensou
Você se machucou
Pagou pelo que falou

Quem mandou dar o fora
Quem mandou
Minha hora também chegou
Nem reclame se não gostou
Você me provocou
A sopa se acabou

Mas no tempo que se perdeu
Teu sonho não era meu
Fiquei sozinho
Sem carinho
Não, sem essa, que eu não estou com pressa
quem tem bossa não entra em fossa!
Não vou!

Quando a canção terminou, Simonal e César se entreolharam e, logo em seguida, Fred veio com a segunda, "Sabiá-laranja", uma toada moderna sob medida para o intérprete de "Sá Marina".

Foi um sabiá-laranja
Na franja do coqueiral
Vive agarradinho
Chamego não lhe faz mal
Saudade não se desmancha
Em beira de temporal
Bom é estar gostando
Ciúme, carinho, pimenta e sal
Tira essa teima
Amor que não queima é denguice
A maior tolice
É não ver o que o corpo suplica
Eu lhe querendo
E você de pirraça não vendo
Deixa ardendo a vontade que eu tô de você

Mais uma troca de olhares entre cantor e arranjador, para logo em seguida Fred apresentar a terceira e última da parceria com Arnoldo, "Lourinha", um maxixe bem ao gosto do nacionalismo do maestro Guerra-Peixe.

Essa lourinha que passa fazendo agrado
É um pecado que eu trago escondido no peito
É um tesouro que eu guardo com todo o cuidado
O seu feitiço castiga o meu coração

Essa danada machuca o meu sentimento
E eu me contento em ver seu jeitinho mimoso
Moça dengosa parece uma flor preciosa
É tão formosa que eu me incendeio de amor

Ela tem
O melemelengue do samba
O balangandã de Luanda
O jeito de Carmen Miranda dançar

Ela tem
Malícia de olhar de mulata
Rosário e corrente de prata
Maneira de olhar que maltrata

Ela tem
Sandália de couro dourada
Bainha da saia rendada
E figa de jacarandá
Pois é ...

Essa menina na beira da minha tristeza
Anda bulindo com todo esse meu sofrimento
O seu sorriso desanda de tanta lindeza
Falem pra ela que eu já nem consigo sonhar

Essa malvada que vai por aí tão cheirosa
Tão caprichosa na brisa que a tarde mareia
Vai requebrando com alma de palma em palmeira
A vida inteira, espero pra vê-la passar

Ao final, Simonal falou para César:
– Escolhe uma pra abrir meu LP.
Ao que o pianista fez uma pergunta que deixou Fred nas alturas:
– Posso escolher as três?
Como havia uma legião de compositores desejosos de ter suas canções fazendo parte de um LP de Simonal, só ia ser possível mesmo escolher uma única composição de Fred Falcão e Arnoldo Medeiros, do contrário, o disco ia acabar virando "Wilson Simonal canta Fred Falcão e Arnoldo Medeiros". A escolhida terminou sendo "Sem essa", o que não era nada mal.

Nesse meio-tempo, Fred e Arnoldo andavam produzindo freneticamente para a TV Tupi. Devido à constante presença nos festivais da emissora da Urca, Lúcio Alves acabou convidando a dupla para trabalhar compondo vinhetas para os programas da casa. Certa ocasião, viraram a madrugada compondo, com um saldo final de vinte vinhetas. Fred ficou tão entusiasmado com o resultado que comentou com o parceiro:

– Arnoldo, nós somos como Rodgers e Hart!

Fred era incansável na caitituagem, era até chamado de "rei do caititu". Ele não parava de mandar fitas para os cantores, ir às gravadoras e também, de posse do violão, mostrar pessoalmente suas músicas para os artistas. Mas, certa ocasião, Frederico Guilherme nem precisou mostrar seu trabalho, pois o artista o convidou para mostrar tudo o que ele tinha – era o cantor Agnaldo Timóteo.

Mineiro de Caratinga, Agnaldo fora para o Rio tentar a sorte nos anos 1960. Com muito empenho, veio, viu e venceu, consolidando-se no gênero da canção mais popular, batizado como cafona, palavra popularizada pelo onipresente Carlos Imperial. Apesar de apaixonado fã de Tito Madi, com seu estilo de interpretar mais intimista, Timóteo era da escola de intérpretes de voz potente, operística, como Orlando Silva. Tinha em seu repertório sambas-canção, versões de canções românticas italianas, boleros e rocks balada com letras que tratavam de amores temperados com sofrimento. Um dos seus maiores sucessos era "Meu grito", composição da dupla Roberto e Erasmo Carlos:

Mas só falo bem baixinho
E não conto pra ninguém
Pra ninguém saber seu nome
Eu grito só, meu bem

Munido do seu Di Giorgio velho de guerra, Fred foi ao apartamento de Agnaldo na Avenida Princesa Isabel, em Copacabana, cuja decoração fazia jus ao estilo do barítono: havia um pinguim em cima da geladeira e um quadro da Santa Ceia pendurado na parede da sala. O auxiliar forense mostrou para Agnaldo algumas das suas mais recentes criações. O mineiro ouviu com toda a atenção, mas as melodias rebuscadas de Fred, com sua atmosfera jazzística, uma montanha-russa de tons, fez com que o cantor fizesse uma observação:

– Fred, são muito bonitas, mas o meu público é feijão com arroz. Você vai pra casa e tenta piorar isso.

Imediatamente, Fred lembrou-se de uma história envolvendo seu conterrâneo, o jornalista e compositor Antônio Maria, que certa vez escreveu um roteiro para o rádio – ou TV – e ouviu coisa semelhante do diretor para o qual apresentara o material. Frederico acabou dando a Timóteo a mesma resposta que o parceiro de Ismael Neto em "A valsa de uma cidade" deu para seu chefe:

– Sinto muito, mas pior do que isso eu não posso fazer.

Não houve canção composta por Fred interpretada pelo vozeirão de Agnaldo Timóteo. O filho de dona Voleid queria o sucesso, mas ainda se dava ao luxo de permanecer com aquele mesmo idealismo criticado por Carlos Imperial.

Depois de iniciada, a parceria entre Fred e Arnoldo não parou mais. Enquanto isso, a produção com Paulinho Tapajós estava encerrada. Entretanto, um editor da Philips enviou "Avenida Atlântica", uma canção inédita da antiga dupla, para participar do Festival de Viña del Mar, e ela terminou sendo selecionada.

Se é segunda-feira, terça-feira ou sexta
Deixa pra lá, deixa ficar, pouco importa
Pois se a minha porta
Dá num chão de areia, eia
Vivo um só domingo, uma semana
Nas ruas de Copacabana
Rua abaixo, rua acima com meu amor
Entre esquinas e vitrinas eu vou
Ouço buzinas de automóveis, sinalização
Sou mero pedaço dessa multidão
Se é segunda-feira, terça-feira ou sexta
Deixa pra lá, deixa ficar, pouco importa

> *Vou tomar sorvete*
> *Vou rolar na areia, eia*
> *Celebrar o amor tão bacana*
> *Quente e tropical*
> *Se você é Gal, Copacabana*

A letra da canção, de Paulinho Tapajós, falava de um Brasil feliz e homenageava a cantora Gal Costa, um dos principais nomes do Tropicalismo. Entretanto, o movimento musical ao qual a bela Gal pertencia atravessava dias que nada tinham a ver com os versos de Paulinho. Havia muita tristeza com o exílio dos compositores Gilberto Gil e Caetano Veloso em Londres, por obra e graça da ditadura civil-militar, que após libertá-los de uma prisão, nos primeiros momentos da decretação do AI-5, não lhes deu outra opção a não ser deixar o Brasil. "Avenida Atlântica" permitiria a Fred tomar parte de sua primeira competição internacional: iria viajar para o Chile. Na edição de 2 de fevereiro de 1970 do *Jornal do Brasil*, ao ser entrevistado, não conseguia disfarçar que estava praticamente levitando:

– Me sinto como um descobridor, um navegante musical em busca de novos mercados.

Esse seu pequeno depoimento sobre a participação no festival chileno fora concedido ao jornalista William Prado, seu colega dos tempos da faculdade de Direito. Fred já não era mais um anônimo, estava sempre nas páginas dos jornais. Mas fama tinha seu preço, e um deles era ter de lidar com matérias de amigos "fura-olhos", como a do também músico Luiz Carlos Sá, que, na edição de janeiro de 1970, questionou a versão sobre a origem de "Minha Marisa", sempre repetida por Fred:

> *A maior cascata contada até hoje pelo meu amigo Fred Falcão foi aquela assim: "Fiz 'Minha Marisa' inspirado pelo verdor do Jardim Botânico". Acontece que o Fred, como todo compositor que se preza, não ficou na janela olhando o verdor de coisa nenhuma para fazer "Minha Mariza" (um aparte: Marisa é com s. Eu não aguento z em Marisa). Ele sentou lá na escrivaninha, chamou o Paulinho e ficaram os dois dando tratos à bola. Pois qualquer pinguim do Alasca sabe que quem quer ficar sentado esperando baixar a inspiração vai morrer verde. A música de hoje é elaborada até o último bemol e vocês podem ver: inspiração não dá camisa a ninguém. Há dois anos, Edu Lobo disse: "Se eu fosse fazer música inspirado em alguém ou alguma coisa, não tinha nem começado".*

O festival seria realizado entre 15 e 25 de fevereiro. Por ser funcionário benquisto na repartição, Fred conseguiu sem dificuldade uma licença para ir ao Chile. Os juízes eram seus fãs, sempre ouviam as novas canções que ele cantarolava.

Na companhia de Paulinho e dos Golden Boys, que mais uma vez iriam defender uma canção da dupla, fez sua primeira viagem de avião. Mantendo a tradição de compositores como Vinicius de Moraes, Tom Jobim e Ronaldo Bôscoli, o pernambucano também descobriu que tinha medo de estar a bordo de uma aeronave. Quando o "mais pesado que o ar" sobrevoou a cordilheira dos Andes, e o comandante informou a altitude na qual se encontravam, Paulinho e os Correa fizeram com que Frederico colasse o rosto na janela para olhar toda aquela neve. Conseguiram fazer com que o sempre irrequieto e falante Fred Falcão ficasse petrificado, pensando em todas as tragédias possíveis de acontecer durante uma viagem de avião.

Mas, apesar da ida apavorante, Viña del Mar proporcionou grandes momentos ao autor de "Vem cá, menina", pois teve a oportunidade de conhecer alguns artistas internacionais que admirava, como Lucho Gatica, o ídolo da canção romântica, famoso por boleros como "Contigo en la Distancia"(César Portillo de la Luz) e "La Barca" (Roberto Cantoral), e o francês Michel Jourdan.

Apesar de estarem numa competição, os compositores e intérpretes viviam um clima de confraternização em Viña del Mar. Acabaram inclusive organizando uma partida de futebol entre o time de artistas chilenos contra um formado por gente de todos os outros países, batizado como Resto do Mundo. A partida não teve bom resultado para os visitantes, que perderam pelo placar de 3 x 1, tendo Lucho Gatica como destaque do time. Coube a Fred marcar o único gol do time do Resto do Mundo, porém, no seu esforço para evitar uma completa vergonha, o pernambucano acabou machucando o quinto artelho do pé esquerdo, o dedo mínimo. A dor incomodava bastante e ele foi a um médico, que diagnosticou uma luxação, prescrevendo um anti-inflamatório. Fred poderia ir para o festival sem problema.

O local onde o Festival da Canção Popular de Viña del Mar foi realizado chamava-se Quinta Vergara, uma imensa propriedade datada do século XIX, transformada em parque público, que contava com o palácio Vergara, plantas de todas as espécies espalhadas em cada canto do terreno e uma alameda de palmeiras que levava a um anfiteatro projetado pelo arquiteto Hernando Lopez, erguido em 1963. Era uma estrutura de madeira com uma concha acústica, local onde os artistas se apresentavam para o público, que assistia sentando-se nos morros e árvores ao redor.

A canção que levou a Gaivota de Prata, troféu dado à vencedora do festival, foi a insípida balada "Canción a Magdalena", composta e interpretada pelo chileno Julio Zegers. Fred considerou o resultado injusto, achou uma patriotada chilena, não se conformou em perder para o louro e barbudo Zegers, a quem se referia como "um chileno com cara de caçador de baleia, sem nenhum carisma como cantor".

Depois de novamente enfrentar os terrores de uma viagem de avião, na volta, pouco depois de chegar em casa, Fred foi procurar um ortopedista. O remédio que o médico receitara não fazia efeito, seu dedo continuava doendo sem parar. Após uma radiografia, foi constado que ele havia sofrido uma fratura, tendo que passar alguns dias com o pé esquerdo engessado.

Mas nem tudo foi decepção para o irrequieto Frederico. A popularidade que ele tanto perseguia enfim estava chegando. Como vencedores do concurso de músicas natalinas, a TV Tupi passou a chamar com bastante frequência Fred e Arnoldo para se apresentarem como atrações em mais programas da emissora. Além do de Flávio Cavalcanti, ao qual já havia comparecido na época da parceria com Paulinho Tapajós, Fred e Arnoldo também foram aos programas de Jota Silvestre e de Bibi Ferreira, o *Bibi ao Vivo*.

Fred estava tão em evidência que até se tornou um dos alvos de Carlos Imperial, no "Plá", a coluna que o "ogro midiático" mantinha na revista *Amiga*, uma publicação da editora Bloch. Semanalmente, o compositor era citado pelo Impera como "o cara mais chato". Embora para alguns isso deixasse a impressão de que fosse um demérito, ser vítima da pena maldita do Gordo era uma vantagem, pois rendia boa publicidade. O jornalista costumava inclusive dizer que para ele falar mal de alguém era mais caro. Frederico havia conseguido isso sem gastar um tostão.

Música para vender

No elevador do prédio da Pacheco Leão, onde morava, Fred acabou fazendo amizade com o morador do apartamento 804, que ficava bem em cima do seu. Era o publicitário Washington Alves de Souza, que elogiava bastante o som do piano de Fred. Quando soube que o pernambucano era compositor de músicas que conhecia, Washington lhe fez uma proposta: queria que ele criasse um *jingle* para uma empresa para a qual trabalhava, o Ponto Frio Bonzão, uma popular loja do ramo de eletrodomésticos.

Com a experiência do trabalho com as vinhetas, Fred começou a criar seu primeiro *jingle*, dessa vez numa experiência solo, criando letra e música. Sem muita dificuldade, saiu com um tema para a inauguração de uma filial do Ponto Frio em São Gonçalo:

> *Pra gente do Estado do Rio*
> *São Gonçalo também tem Ponto Frio*
> *Artigos da melhor qualidade*
> *Menor preço, maior prazo da cidade*
> *Vá logo correndo*
> *Comprove o que eu falo*
> *Ponto Frio São Gonçalo*
> *Vá comprar no Bonzão de São Gonçalo.*

Mostrou a Washington Alves, que aprovou de imediato e encomendou mais trabalhos. O próximo foi para a filial de Brasília, que Fred fez no estilo bem ufanista que a ditadura Médici apreciava:

> *No Planalto Alvorada já tocou*
> *(Toque de alvorada num clarim)*
> *Ponto Frio em Brasília já chegou*

> *Do candango ao senador*
> *Seu tostão tem mais valor*
> *Menor preço, maior prazo*
> *Em Brasília só o Bonzão.*

O serviço se expandiu e, além do Bonzão, surgiram novos anunciantes para Fred criar *jingles*, como a Rodasa Veículos S/A, uma revendedora Volkswagen:

> *Do trabalho volto cedo para casa*
> *Já comprei o meu Fusca na Rodasa*
> *Porque Rodasa é vantagem Volkswagen*
> *Também tem sua Kombi pra viagem*
> *Mas se a onda é paquera de caranga*
> *Você pode comprar o seu Karmanga*
> *Porque Rodasa é vantagem Volkswagen*
> *Pra você o seu carro comprar*

No comercial feito para o rádio, um locutor anunciava o sedutor parcelamento da Rodasa para a obtenção do Fusquinha:

> *– Toda a linha Volkswagen em apenas 40 meses!*

Fechando com um coro vocal:

> *Porque Rodasa é vantagem Volkswagen.*

E o locutor informando o endereço da concessionária:

> *– Rua Oswaldo Cruz, 95!*

Quando o Ponto Frio fez aniversário, coube também a Fred criar um *jingle* para celebrar a data. Dessa vez, contando com a participação do cantor e compositor Monsueto.

> *Agora é tempo de festa*
> *Vinte e seis anos faz o Bonzão*

Entrava Monsueto com sua inconfundível voz:
- *É na festinha!*

O maior preço é o grande presente
Que você vai ganhar
Parabéns para o Bonzão.

Novamente Monsueto:
- *É na festinha!*

A participação do autor de "Me deixa em paz" foi tão bem-sucedida que acabou se repetindo num projeto mais ambicioso, um comercial para a TV. Fred acabou criando uma paródia de um dos maiores sucessos da época, "Raindrops keep falling on my head" (Burt Bacharach e Al David), da trilha sonora do *western Butch Cassidy*. No filme, Monsueto aparecia vestido como caubói, carregando sua namorada não numa bicicleta, como Paul Newman fazia com Katharine Ross no filme, mas num carrinho de supermercado, enquanto um coro cantava:

Era uma vez um bom caubói
Além de vivo era um grande herói
Saiu para procurar
Melhor preço, maior prazo
Encontrou no Bonzão.

Apesar de ser o "Fred Lindoya", que jamais colocava uma gota de álcool na boca, Fred também compôs um tema sobre as delícias da Cerveja Sagres:

Quem sabe beber está por dentro
Bebe Sagres, a cerveja do momento
O melhor paladar
Cerveja Sagres chegou pra ficar
Tem qualidade pra se consagrar
É um prazer a mais na vida
E a espuma convida
Quem sabe beber está por dentro
Cerveja Sagres, a cerveja do momento.

Para o fortificante infantil emulsão Scott, Fred compôs uma singela valsinha:

Dorme, criança, e sonha
O dia inteiro tão peralta
Com emulsão de Scott
Mais energia, saúde não falta
Com emulsão de Scott
Toda criança é mais forte

Fred ainda fez um segundo *jingle* para a emulsão Scott:

Energia, saúde
Criança mais forte

Emulsão de Scott
Garotada sadia
Vendendo alegria
amanhã vai cantar o refrão
Energia, saúde
Criança mais forte
Emulsão de Scott
Geração após geração
Emulsão de Scott.

Com tantos trabalhos lançados, Fred acabou chamando a atenção de Jorge Abi Khalil, o rei dos *jingles*, que ficou interessado em levar o Titã para sua agência, a Tape Spot. Khalil ligou para Frederico.

– Fred Falcão, eu vejo que você está com uma produção muito boa.
– É, eu tenho me esforçado.
– Você não estaria interessado em trabalhar na minha agência?
– Eu estou muito bem com o Washington Alves.
– Ele te paga quanto? Eu posso cobrir o valor.

Fred estava ganhando bem; quando disse a quantia a Jorge, o entusiasmo esfriou.

– Fred, você é muito bom, mas está acima das minhas possibilidades.
– Sendo assim, continuamos adversários.

16. Ainda a "chama festivalesca"

Em 2 de fevereiro de 1970, foram abertas as inscrições para mais um Festival Internacional da Canção. Como não poderia deixar de ser, novamente Fred decidiu participar da competição. Ele e Arnoldo tinham "Namorada", uma bonita valsa cuja letra tinha como curiosidade não apresentar um único verbo.

Namorada,
Céu da minha estrada.
Meu motivo e derradeiro abrigo,
Meu infinito, sonho colorido,
Teu carinho, meu paraíso perdido!

Namorada,
Luz da madrugada.
Alvorada, risonha dimensão da vida!
Linda, primavera de um amor!
Teu sorriso, acalanto de uma flor!
Namorada, todo o meu amor!

Entretanto, a dupla terminou por fazer a inscrição somente no último dia do prazo estabelecido, 28 de maio, fortalecendo a má fama atribuída aos brasileiros de deixarem seus compromissos para a última hora. Em julho, quando saiu a lista das 35 classificadas, para diminuir um pouco a ansiedade de Fred, "Namorada" era uma delas.

Desde o início, era desejo de Fred que o casal de cantores Antônio Marcos e Vanusa fossem os intérpretes da canção. Conseguiu falar com o empresário da dupla de sucesso, que foi encontrá-lo no seu apartamento no Jardim Botânico. Logo após ouvirem "Namorada", deram o sim para a proposta de interpretá-la no FIC 70. Depois, em algumas ocasiões, para deixar o dueto bem azeitado, Frederico pegava o trem noturno para São Paulo para encontrar Toninho, como Fred chamava o cantor, e Vanusa na casa dos dois em Santo Amaro.

Fred fez amizade também com o cantor Taiguara, amigo de Antônio Marcos, que viajava com ele para São Paulo no trem noturno. Muitas vezes, quando Toninho precisava ir a um programa de televisão, como o do apresentador Silvio Santos, Fred e Taiguara ficavam esperando sua volta interagindo musicalmente.

Os festivais viraram uma febre, com várias cidades promovendo essas competições musicais. Devido ao destaque que vinham obtendo, Fred e Arnoldo eram sempre convidados para fazer parte dos júris. A bordo da Variant de Fred, os parceiros iam a cidades como Casimiro de Abreu, Marquês de Valença e Nova Friburgo. A princípio, Gisela, com o pequeno Fred para tomar conta, não aceitou muito bem essas constantes ausências do marido, mas, como nada poderia frear o ritmo frenético no qual ele se encontrava, o jeito foi conformar-se em contar somente com a companhia do filho nos fins de semana.

E o LP de Simonal que traria "Sem essa"? Bem, ele foi lançado em setembro de 1970, logo depois de o cantor lançar um outro disco com o show que havia feito no México, durante a campanha da seleção brasileira de futebol – que, por sinal, alcançou seu tricampeonato, muito bem utilizado pelo regime militar, que tinha como novo ditador o general Emílio Garrastazu Médici. Fred chegou a acompanhar a gravação no estúdio da Odeon. Por sinal, esse trabalho marcaria o fim da vitoriosa parceria entre Simonal e César Camargo Mariano; dali por diante, o repertório futuro do cantor contaria com Erlon Chaves e Sérgio Carvalho como responsáveis pelos arranjos.

O início da fase nacional do FIC 1970 seria no dia 15 de outubro, quando Antônio Marcos e Vanusa se apresentariam cantando "Namorada". Na edição do dia 10 do *Correio da Manhã*, Toninho comentou sobre sua decisão de participar do festival e sobre a qualidade da canção da dupla Falcão e Medeiros:

– "Namorada" é uma música sem compromisso e muito bacana. Isso, junto com a oportunidade de cantá-la ao lado de Vanusa, fez com que eu voltasse atrás quando disse que nunca mais cantaria em festivais. Eu estava decepcionado com uma série de coisas que me aconteceram e resolvi tirar o festival da jogada. Aí me apareceu a oportunidade de me apresentar com Vanusa cantando uma música muito bacana.

A apresentação do casal num Maracanãzinho com seus 20 mil espectadores foi muito bonita. O arranjo de Orlando Silveira, também responsável por "Minha Marisa", tinha um naipe de metais no estilo do norte-americano Nelson Riddle, o arranjador de Frank Sinatra, deixando a valsa de Falcão e Medeiros com um toque jazzístico. O contracanto que a loura Vanusa fazia agradava ao público, provando que Fred não estava errado quando afirmava que o canto acessório era "um apelo popular". Contudo, mesmo com toda essa ótima receptividade, "Namorada" não se classificou para a final, deixando mais uma vez Fred sem levar um troféu Galo de Ouro para a estante do seu apartamento na Pacheco Leão.

Mas se "Namorada" não foi feliz no FIC 70, em execuções nas rádios e vendas do compacto de Antônio Marcos e Vanusa o saldo foi de uma felicidade sem igual para autores e intérpretes, rendendo um bom dinheiro. A canção tornou-se o primeiro sucesso nacional de Fred, que, perseguindo reconhecimento, finalmente tinha uma música sua cantarolada nos quatro cantos do país.

17 A próxima atração

A telenovela havia se tornado um dos mais populares entretenimentos de quem se sentava diante da tela pequena. Assistir a dramas e romances diariamente tornou-se um hábito para os brasileiros. Com isso, as produções foram se tornando cada vez mais esmeradas. Na TV Globo, a trilha sonora passou a merecer maior atenção por parte da direção da emissora.

O jornalista e compositor Nelson Motta ficou responsável pelas músicas que seriam tema dos personagens da novela *Irmãos Coragem*, de Janete Clair. Foi uma oportunidade e tanto para Fred e Arnoldo, acompanhados de nomes como Tim Maia e Genival Cassiano; Luiz Carlos Sá e Nonato Buzar – juntamente com Paulinho Tapajós, autores do tema-título da atração –, a dupla teve "Nosso caminho" como uma das canções selecionadas para o disco lançado em julho de 1970.

Bem, eu te amo
Feliz, só carinho
E se te quero
Serás o meu caminho

Foi como a sombra
Que fugia da luz do dia
Qual o veleiro
Navegando sem ventania

Fui sempre sozinha
Andei, sofri, chorei e pedi
O teu amor
Nós dois... a vida
Pra sermos nós... a vida

"Nosso caminho" foi a segunda canção de Fred gravada por Maysa, de quem ele acabou se aproximando mais e conhecendo melhor sua personalidade repleta de extremos, que a levavam da euforia a uma tristeza demolidora, sempre tendo uma garrafa de bebida como companhia. Era mais uma artista que tinha a bênção de sua bela voz acompanhada de uma constante insatisfação diante da vida. A letra de Arnoldo Medeiros era praticamente um relato biográfico das dores de sua talentosa intérprete dos enlouquecedores olhos verdes e coração selvagem.

As trilhas sonoras viraram um negócio tão rentável, com discos obtendo altas vendas, que a TV Globo decidiu que seria uma ótima iniciativa a criação de uma gravadora própria. Anteriormente, *Irmãos Coragem* fora lançado pela Philips, com a qual a emissora do Jardim Botânico tinha um contrato que estava prestes a expirar; se ela tivesse seu próprio selo, o lucro seria ainda maior. João Araújo, ex-diretor artístico da Philips, foi chamado para dirigir o Sigla (Sistema Globo de Gravações Audiovisuais Ltda.), que lançou um novo selo no mercado, batizado de Som Livre. Como a mais nova empresa do mercado fonográfico ainda não dispunha de uma fábrica, os discos seriam prensados na gravadora Odeon.

O maranhense Nonato Buzar foi chamado para ser produtor da Som Livre. Nonato tinha a trilha da próxima novela das 22h, *O Cafona*, e chamou seu amigo Fred para conversar. Ele lhe entregou o roteiro do folhetim escrito por Bráulio Pedroso. Queria que lesse e compusesse o tema de uma das personagens da trama que seria dirigida por Daniel Filho.

– Leva isso pra casa e me traz sem compromisso uma música, que eu vou mostrar pro Daniel.

Para Fred, fazer trabalho para a TV não era novidade, pois fazia pouco tempo que ele e Arnoldo haviam feito uma infinidade de vinhetas para os programas da Tupi. Seria um desafio, mas possível, com uma boa intimidade com o frenético ritmo de trabalho televisivo. Ele chegou em casa e leu o roteiro que Nonato lhe dera. A personagem em questão era uma jovem vinda do interior, bem humilde, chamada Shirley – que seria interpretada pela atriz Marília Pêra –, que no Rio de Janeiro conseguiu trabalho como secretária no escritório de Gilberto Athayde, vivido pelo ator Francisco Cuoco, o "cafona" do título. Fred compôs uma melodia em ritmo de salsa e deu para Arnoldo fazer a letra.

Sou secretária
Sou milionária
Dona do meu amor

Chique no meu chiclete
Assinando o cheque
Por onde for

Ando taquigrafando
No tique-taque
Do tempo vou

Vivo em zigue-zague
E nunca se sabe
Aonde estou

Tudo no mundo é sexo
E o meu complexo
É industrial

Sigo o que diz a moda
Olhando a vida
No meu jornal

Venho pré-fabricada
E já nem tenho
Opinião

Sei que sou desligada
Mas sou a dona
Do meu patrão

 Fred levou a fita com a gravação de "Shirley Sexy", nome que ele e Arnoldo deram à canção, para Nonato, que aprovou de imediato e a levou em seguida para o diretor Daniel Filho, responsável pela produção de teledramaturgia da TV Globo. O diretor, após ouvir, disse:
 – Chama esse cara aí, que eu quero conversar com ele.
 Fred, que morava bem em frente à emissora, atravessou a Rua Von Martius e foi falar com o diretor, levando com ele uma conversa na qual houve a

identificação com a paixão pelo cinema, já que Daniel era fã ardoroso dos clássicos de Hollywood, os mesmos de que Fred aprendeu a gostar quando Voleid o levava ao cinema. O Titã teve sua parceria com Arnoldo garantida no LP com a trilha sonora de *O Cafona*. Ia estar na companhia dos irmãos Marcos e Paulo Sérgio Valle, autores da canção-título da novela.

O Cafona estreou no dia 24 de março de 1971 e logo caiu nas graças do público. E Shirley, a personagem de Marília Pêra, virou coqueluche, com seu jeito simples, mas bem-resolvida. E sempre que aparecia, lá estava seu tema. Em questão de dias, "Shirley Sexy", na voz da própria Marília, ganhava as rádios do país, com um vocalize, um "lá rá lá" que grudava no ouvido feito Araldite, que fez com que Fred e Arnoldo emplacassem mais um sucesso nacional – e em dose dupla, já que, pouco tempo depois da gravação com Marília, Claudette Soares também lançou sua versão da saga da secretária da novela global. O LP com a trilha sonora de *O Cafona* tendo "Shirley Sexy" como carro-chefe foi um sucesso, com mais de 100 mil discos vendidos.

Fred foi convidado para um jantar na casa de Bráulio Pedroso, o autor de *O Cafona*, juntamente com o elenco da novela. Num dado momento, o escritor fez uma revelação a Fred:

– Se eu fosse compositor, queria fazer uma canção como a que você e o Arnoldo fizeram. Vocês conseguiram mostrar minha personagem exatamente como ela é.

Ao ouvir isso, para variar, Fred caiu em lágrimas. E, lógico, ficou com o ego como se tivesse acabado de passar por uma sessão de massagem.

Daniel Filho gostou tanto do resultado e do conhecimento cinematográfico de Fred, que lhe fez mais uma encomenda. O problema é que suas ideias vinham a qualquer horário, e, para não esquecê-las, tratava de ligar imediatamente para quem desejava que as executasse. Foi daí que certo dia, alta madrugada, Fred recebeu um telefonema:

– Poxa, Daniel, eu tava dormindo.

– Quem trabalha na Globo não dorme.

– Ok, o que você quer?

– Eu quero que você faça um tema instrumental parecido com o do Henry Mancini para *Bonequinha de Luxo*. Você lembra de quando ela entra na Tiffany e toca "Sally's Tomato"?

Lógico que Fred lembrava, Mancini era um dos seus ídolos. Como o seu sono já havia ido para o espaço, foi para o piano colocar a criatividade em ação. Ele tinha comprado o instrumento da viúva do maestro Bahia, que por coincidência trabalhara com Maysa. Antes de morrer, ele havia orientado a esposa a vender o seu Rönisch, alemão legítimo – que mais tarde Fred descobriria que era a mesma marca usada pela maestrina Chiquinha Gonzaga –, somente para um artista. Antes de fechar a compra, o autor de "Shirley Sexy" precisou tocar uma das suas composições para a senhora constatar que ele não era um mero diletante.

Fred levou sua peça "manciniana" para Daniel Filho ouvir e ela ficou sob medida para o que o diretor desejava. O tema foi imediatamente introduzido nos capítulos, fazendo com que o compositor, sempre que estava assistindo à novela, com seu costumeiro entusiasmo, avisasse Gisela:

– É a minha música!

Conhecendo o "louco de Niterói"

O sucesso de "Shirley Sexy" rendeu um apelido a Fred, que passou a ser chamado de Fred Sexy Falcão. Quem o batizou assim foi o jornalista e compositor Torquato Neto. Desde 1967, o ainda estreante compositor pernambucano mantinha uma amizade com o piauiense, parceiro de Gilberto Gil em "Louvação", que chegou inclusive a recomendar o amigo ao editor Loureiro, da Philips, com um bilhete tecendo elogios ao filho de Voleid.

> Loureiro:
> Este é o Fred Falcão, autor de "Vem cá, menina", gravada pelos Cariocas. Tem ótimas músicas e acho que você deve editá-las. Inclusive, um ótimo samba para o Jair. É de fato ótima aquisição para nossa editora.
> Um abraço,
> Torquato
> 6/4/1967

O Jair citado era o Rodrigues, o intérprete de "Disparada" e "Deixe que digam". Ele não chegou a gravar nenhum samba de Fred, mas o bilhete de Torquato foi uma boa ajuda para que Loureiro analisasse com mais atenção as composições de Fred e terminasse por editá-las.

Fred frequentava o apartamento de Torquato na Ladeira dos Tabajaras, onde ele morava com a esposa, Ana. Lá, conheceu os amigos famosos do piauiense, como as cantoras Maria Bethânia e Gal Costa, seu parceiro Gilberto Gil e o poeta e também letrista José Carlos Capinan. Durante essas visitas, os dois amigos acabaram compondo uma música juntos, o "Samba da Esperança", que infelizmente jamais seria gravado e terminaria perdido.

Em 1969, quando Gil e Caetano foram libertados da prisão e obrigados a se exilar, Torquato foi um dos artistas que acabaram por conta própria indo juntar-se a eles em Londres, em busca de ares menos poluídos pelo autoritarismo da ditadura brasileira. Ele retornou em 1970, logo indo trabalhar no jornal *Última Hora*, onde volta e meia dava uma força na divulgação do trabalho do seu amigo Fred Falcão.

Ter uma música tocando sem parar nas rádios não foi suficiente para saciar a fome de Fred de participar de festivais. Em maio de 1971, lá estavam o Titã e seu parceiro Arnoldo Medeiros inscrevendo-se na sexta edição do Festival Internacional da Canção. Dessa vez, com o maxixe "Lourinha", que anteriormente fora mostrado para Simonal. Os autores queriam que Marília Pêra defendesse a canção no FIC 1971. Contudo, a atriz declinou do convite de cantar mais uma composição da dupla, por não se sentir confortável diante da multidão que sempre lotava o Maracanãzinho. O plano B passou a ser o quarteto vocal MPB4. Contudo, numa tarde, Fred recebeu um telefonema que iria mudar o rumo da história.

– Alô, Fred Falcão?

– Pois não. Quem fala?

– Aqui é o Chacrinha. Você está com um maxixe muito bom inscrito no festival e eu queria que você desse ele pra Wanderléa gravar. Venha aqui no meu apartamento almoçar um cozido preparado pela minha esposa pra gente conversar.

Chacrinha era Abelardo Barbosa de Medeiros, um pernambucano que, assim como o avô de Frederico, fora tentar a sorte no Rio de Janeiro naqueles mesmos anos 1940. Ele era o tal "louco de Niterói" que a família ouvia quando, recém-chegada à Cidade Maravilhosa, sintonizava a Rádio Clube de Niterói. O locutor tornou-se um fenômeno radiofônico e, pouco depois da chegada da televisão ao Brasil, tornou-se seu apresentador mais popular. Mas Abelardo passava por um momento muito doloroso em sua vida particular: um dos seus filhos, Nanato, ficara paraplégico após um mal calculado mergulho numa piscina. O rapaz era noivo da cantora Wanderléa, que havia paralisado sua carreira para se dedicar a ele. Sensibilizado com o que a moça fazia por seu filho, Chacrinha achou que participar do Festival Internacional da Canção ajudaria a jovem, razão pela qual ligou para o coautor de "Lourinha".

Fred compareceu ao apartamento da Avenida Atlântica para almoçar um cozido preparado pela esposa de Chacrinha, Florinda. Encontrou os filhos do apresentador, Jorge Abelardo, Leleco e Nanato, este último numa cadeira de rodas, ladeado por Wanderléa. Fred, sempre um bom garfo, se fartou do almoço feito por dona Florinda e deixou o apartamento do Velho Guerreiro de estômago muito bem forrado e com a garantia de que a canção seria defendida pela eterna Ternurinha da Jovem Guarda no VI FIC, abandonando a ideia de convidar o MPB4.

Enquanto isso, a situação política do país era péssima. A repressão no governo do ditador Emílio Garrastazu Médici tornara-se violentíssima, com prisões, tortura, mortes e implacável censura, a fim de impedir a população de tomar ciência do que acontecia. Músicas tinham suas letras mutiladas ou simplesmente eram proibidas de ser executadas, peças de teatro eram retiradas de cartaz, filmes chegavam aos cinemas com cenas cortadas e classificação etária elevada. Houve quem acreditasse que a saída para todo esse desmando era a resistência armada, a qual foi duramente reprimida pelo regime. Também houve quem preferisse o combate no campo das ideias, como a classe artística, que procurava driblar a censura com mensagens que os agentes da repressão não conseguiam assimilar de imediato, liberando obras que denunciavam de forma implícita as arbitrariedades da ditadura.

Juntamente com a resistência, surgiu a cobrança de que os membros da classe artística demonstrassem um posicionamento contra a ditadura. Era um desejo grande de que mais vozes engrossassem o coro que denunciava toda a opressão do governo golpista, e que fazia com que quem não aderisse a essa resistência passasse a ser visto como simpático aos militares. Um nome que logo acabou vitimado por essa linha de pensamento mais radical foi Wilson Simonal, que, em agosto de 1971, surgiu nas páginas policiais acusado de ser o mandante de uma surra aplicada no seu contador, o qual suspeitava que estivesse desviando dinheiro de sua produtora. O funcionário fora torturado nas dependências do terrível Dops, o Departamento de Ordem Política e Social, na Rua da Relação, centro do Rio, por policiais conhecidos do cantor. De imediato, Simona ficou com a imagem de simpatizante da repressão, sendo logo em seguida acusado de delatar colegas do meio artístico contrários ao regime. Não havia prova alguma dessa traição para com os colegas, mas, em linchamentos, apelos à razão raramente são levados em consideração. E no caso do cantor não foi diferente: da noite para o dia, a gigantesca popularidade de Simona foi minguando, com as portas que antes lhe eram escancaradas sendo fechadas para ele.

Um dos mais aguerridos críticos do governo golpista era Torquato Neto, que cobrava da classe artística empenho semelhante ao seu na luta pela volta da democracia. Pela ocasião do FIC, artistas engajados na luta contra a ditadura decidiram, como forma de protesto, não participar do festival. Entretanto, Fred, cuja única preocupação era fazer música e lutar para que ela fosse gravada e fizesse sucesso, não se dava conta de todos esses problemas que passavam diante dos seus olhos. Contava com um bom emprego, sem precisar se preocupar com o dia seguinte, pois o dinheiro estava sempre na sua conta no fim do mês. Ainda por cima, Lopo Coelho, seu "terceiro pai", era da Arena. Sendo assim, o Titã não era contra ou a favor do regime, apenas preferia manter-se alheio a tudo e tocar sua vida. Torquato não aceitava essa postura do amigo. Na *Última Hora*, na edição do dia 23 de setembro de 1971, véspera da apresentação de "Lourinha" no FIC, o piauiense não perdoava Fred, Arnoldo e Simonal:

E o tal Fred Sexy Falcão? É a tal história do deslumbramento a troco de tudo, inclusive da sujeira total. Não é à toa que o parceiro do jovem e talentoso compositor de futuro seja o mesmo parceirinho de Wilson Simonal, Arnoldo Medeiros, o boneco. Esses dois, com certeza, conseguirão uma boa colocação. Mas duvido que, mesmo assim, ganhem o primeirinho do Galo d'Ouro. Isso é pra quem balança mais.

Fred ficou magoado; não esperava isso de Torquato. No seu ponto de vista, como no de outros artistas, não estava fazendo nada de mais ao participar da competição. Mas, como a participação de "Lourinha" era no dia seguinte à notinha na Última HoraH, seus pensamentos logo se voltaram novamente para a expectativa de que o público do Maracanãzinho recebesse bem a sua canção e ele enfim levasse o Galo de Ouro.

No sábado, dia da eliminatória, foi a primeira aparição pública do filho de Chacrinha após o acidente. Quando o rapaz chegou com Wanderléa e o pai, um batalhão de fotógrafos se dirigiu para onde eles estavam. Queriam fotografar a Ternurinha, porém, o interesse maior era fazer o primeiro registro de Nanato numa boa foto, garantir um furo de reportagem para o jornal de segunda-feira. Chacrinha, que nos momentos em que era José Abelardo Barbosa de Medeiros – e principalmente nos que envolviam sua família – era um homem de temperamento explosivo, ficou indignado com a total insensibilidade da imprensa. Ele tirou o paletó que vestia, jogou sobre a cabeça de Nanato e gritou para a horda que os cercava com suas câmeras fotográficas:

– Vocês querem vender jornal explorando a imagem do meu filho após essa fatalidade?!

No interior do Maracanãzinho, Nanato ficou com o pai na primeira fila e a doce Wanderléa ao seu lado, que aguardava o momento de subir ao palco para cantar "Lourinha". Por sua vez, nos bastidores, Fred apresentava sua ansiedade habitual, andando de um lado para o outro, mais uma vez com a esperança de ver sua canção vencedora da fase nacional do FIC 1971.

A noite começou com um show de abertura do conjunto de Carlos Santana, guitarrista mexicano radicado nos Estados Unidos, seguido da cantora norte-americana Gwen Owens.

Vestindo um figurino criado por seu irmão, Wanderley, um vestido longo de mangas compridas, e usando um chapéu *floppy*, Wanderléa parecia uma dama da Belle Époque. Foi acompanhada pelo mestre do choro, o flautista Altamiro Carrilho, com seu conjunto e mais o Brasil Ritmo, transformando o palco do Maracanãzinho num coreto de cidade do interior.

> *Essa lourinha que passa fazendo agrado*
> *É um pecado que eu trago esquecido no peito*
> *É um tesouro que eu guardo com todo o cuidado*
> *O seu feitiço castiga o meu coração*
> *Essa danada machuca o meu sentimento*
> *E eu me contento em ver seu jeitinho mimoso*
> *Moça dengosa parece uma flor preciosa*
> *É tão formosa que eu me incendeio de amor*

Wanderléa fez uma apresentação perfeita, movimentando-se com total segurança pelo palco, e sua voz superava a péssima acústica do ginásio. Porém, a Ternurinha não conseguiu conquistar a plateia, que demonstrou indiferença à sofisticada composição de Fred e Arnoldo. Apesar disso, a canção chegou a se classificar para a final nacional, mas não ficou entre as cinco primeiras. Entretanto, tocou bastante nas rádios – mais que isso, foi a campeã de execuções nas rádios entre as canções inscritas no VI FIC.

Mas, se Fred e outros compositores não haviam aderido ao boicote ao festival, houve quem aderisse, acreditando ser a maneira que se encontrava ao seu alcance para denunciar as arbitrariedades do governo golpista. Chico Buarque, Edu Lobo, Ruy Guerra e Tom Jobim retiraram suas músicas do VI FIC, e a reação desproporcional que veio só fez confirmar a falta de liberdade vivida no país. Os quatro compositores foram enquadrados na Lei de Segurança Nacional, tendo de prestar esclarecimentos pelo motivo que os levou a não querer participar do festival.

O bom desempenho radiofônico de "Lourinha" deixou Fred com a cabeça cheia de ideias envolvendo Chacrinha e toda a sua popularidade. Pensava em oferecer mais canções para que Wanderléa gravasse, ou até mesmo o próprio Velho Guerreiro. Passou a ligar incessantemente para o apartamento do apresentador. Porém, toda a afabilidade que o homem da buzina dispensara ao compositor, seu conterrâneo, parecia ter desaparecido. A situação na TV Globo andava bastante estressante para Abelardo Barbosa, que vivia num cabo de guerra com a diretoria da emissora – que queria implantar o seu "padrão Globo de qualidade" –, enquanto Chacrinha chegava às raias da insanidade, inventando os concursos mais absurdos possíveis, além de não respeitar o horário de encerramento da atração, sempre indo além, comprometendo toda a grade do canal. Não ia mesmo ter tempo para conversar com Fred, que, depois de mais algumas tentativas, desistiu de firmar uma parceria com aquele que o sociólogo francês Edgar Morin chamou de "o papa da comunicação brasileira".

19 O falcão da Von Martius

A explosão de "Shirley Sexy" realmente abriu as portas da TV Globo para Fred e Arnoldo: a dupla logo foi chamada para participar com uma canção para *Minha doce namorada*, a mais nova trama do horário das 19h da emissora do Jardim Botânico. E, levando em consideração o sucesso obtido pela primeira composição da dupla, Nonato Buzar e João Araújo encomendaram à dupla uma nova composição, que deveria lembrar bastante a salsa que os dois criaram para *O cafona*, para mais uma vez Marília Pêra gravar. Surgiu "Sex appeal", cuja letra, de Arnoldo Medeiros, tratava do mundo da moda e da elegância de suas manequins:

Alta sociedade
Desfilam joias e manequins
Passam na passarela sorrindo
Sem olhar pra mim
Sex appeal

Alta sociedade
Desfilam joias e manequins
Passam na passarela que lindo
É viver assim

Todas causando alarme
Com muito charme e sex appeal
Vão ser as elegantes
Mais perfumadas do meu Brasil

Muito sofisticadas
Afiveladas em unissex

Lançam a nova moda
Tentando a sorte na Rolleiflex

Alta sociedade
Desfilam joias e manequins
Passam na passarela sorrindo
Sem olhar pra mim

Alta sociedade
Desfilam joias e manequins
Passam na passarela que lindo
É viver assim

O banho de beleza
A maquiagem mais atual
Mudam a natureza
O seu encanto não é normal

Mas esse penteado
Tão avançado que a gente vê
Esconde a mulher antiga
Remodelada para você

Alta sociedade
Desfilam joias e manequins
Passam na passarela sorrindo
Sem olhar pra mim

Alta sociedade
Desfilam joias e manequins
Passam na passarela que lindo
É viver assim

Mal acabaram de apresentar "Sex appeal", Fred e Arnoldo receberam a encomenda de mais uma canção, para a trilha sonora da próxima novela das 22h. Escrita por Dias Gomes, *Bandeira 2* tinha como mote principal a luta pelo poder no mundo do jogo do bicho. E coube logo à dupla compor a canção-título da nova trama global.

Além da guerra entre os bicheiros Tucão e Sabonete, o folhetim da TV Globo também contava a história de Noeli, uma mulher desquitada que, para sobreviver após a separação, passa a trabalhar como motorista de táxi – daí o título da novela. Coube a Fred e Arnoldo criarem o tema da personagem, que seria vivida por Marília Pêra, que novamente iria interpretar uma canção da dupla. Honrando o desejo de seu mentor, o maestro Guerra-Peixe, Fred abraçou a brasilidade e compôs um baião, partindo do princípio de que o ritmo nordestino tinha tudo a ver com a profissão de taxista, já que era grande o número de migrantes do Nordeste que acabavam ganhando a vida guiando táxis nas ruas do Rio de Janeiro. A letra de Arnoldo, novamente fazendo um perfeito retrato do dia a dia da personagem, já na primeira estrofe entrava para a memória de quem a ouvia, sem mais sair:

Essa reza é boa
Essa reza é brava
Essa reza agrada quem quiser cantar

Essa reza é forte
Essa reza ajuda
Essa reza é sorte pra quem precisar

Essa reza é boa
Essa reza é brava
Essa reza agrada quem quiser cantar

Essa reza é forte
Essa reza ajuda
Essa reza é sorte pra quem precisar

Olerê lereia a Pai Joaquim
Olerê lereia a meu São Tomé

Olerê lereia a Pai Joaquim
Olerê lereia a meu São Tomé

Olerê lereia a Pai Joaquim
Olerê lereia a meu São Tomé

Sou chofer de praça, muito independente
De qualquer encrenca saio muito bem
Sou desinibida e inteligente
Dentro do meu carro sei que sou alguém

Olerê lereia a Pai Joaquim
Olerê lereia a meu São Tomé

Olerê lereia a Pai Joaquim
Olerê lereia a meu São Tomé

Olerê lereia a Pai Joaquim
Olerê lereia a meu São Tomé

Essa reza é boa
Essa reza é brava
Essa reza agrada quem quiser cantar

Essa reza é forte
Essa reza ajuda
Essa reza é sorte pra quem precisar

Vou lhe dizer
Sete e três são dez
Só tropeça quem não olha onde bota os pés
Passou das dez ou subiu ladeira
Se mandar entrar no túnel é noutra bandeira

Se estou cansada boto em oficina
O meu carro tá quebrado ou falta gasolina
Escreveu não leu é bandeira 2
Fé em Deus e pé na tábua pra cobrar depois

"Bandeira 2" foi mais um acerto da dupla: sucesso imediato ao tocar na novela, logo em seguida indo para as rádios, e o LP com a trilha sonora obteve ótimas vendas. A canção ainda acabou resultando na oportunidade de ser gravada por ninguém menos que Luiz Gonzaga, o próprio rei do baião.

O "Lua" ouviu "Bandeira 2" na voz de Marília Pêra e, com um novo disco em produção, pediu ao seu produtor, Rildo Hora, que entrasse em contato com os autores. Foi marcado um encontro com Luiz Gonzaga no estúdio da RCA Victor, a gravadora do cantor. Fred, um ansioso por natureza, foi a Copacabana, na Rua Barata Ribeiro, para conversarem sobre a canção entrar para o novo LP do rei do baião. A música de Gonzaga fazia parte da vida de Frederico desde sua infância; estava prestes a realizar um sonho de menino.

Logo que se viu diante do ídolo, Fred tratou de contar que, assim como o cantor, também era pernambucano. Também desatou a demonstrar todo o seu conhecimento da obra de Gonzaga, cantando várias das suas canções, até mesmo as menos conhecidas. Uma das que faziam parte do repertório foi "Cortando o pano":

> *Errei no corte, seu Zé Mariano*
> *Peço desculpas pelo meu engano*
> *Sou alfaiate do primeiro ano*
> *Pego na tesoura e vou cortando o pano*
> *Ai, ai, que vida ingrata*
> *O alfaiate tem*
>
> *Quando ele erra estraga o pano todo*
> *Quando ele acerta a roupa não convém*

Todos ao redor ficavam bastante impressionados com o grau de conhecimento da obra do "rei do baião" que Fred demonstrava ter. Com o ego inflado, ele não se encabulava de dizer:

– Eu sei tudo de Luiz Gonzaga!

A versão de "Bandeira 2" com Gonzaga foi lançada e se transformou em mais uma vitória para Fred. Enquanto isso, ele virava figura conhecida nos corredores da TV Globo, o que acabou fazendo com que alguns o chamassem de "o falcão da Von Martius", a rua onde ficava a emissora, somente a alguns metros do apartamento onde ele morava com Gisela.

Outra novela da emissora do Jardim Botânico para a qual Fred também contribuiu com uma composição foi a polêmica *O homem que deve morrer*. A trama, escrita por Janete Clair, originalmente contaria a história do médico Ciro Valdez, vivido pelo ator Tarcísio Meira, como uma espécie de Jesus Cristo moderno. Porém, após a terrível censura prévia, os dez primeiros capítulos foram proibidos – ver "o Filho do Homem" representado numa novela desagradou aos agentes da ditadura. Isso fez com que a autora, influenciada pelo livro *Os deuses eram astronautas*, de Erich von Däniken, transformasse seu personagem num extraterrestre que vivia na Terra. Para a trama, Fred compôs a vibrante "Guerreiro", num gênero muito popular na época, o "galopinho". A composição trazia uma novidade: dessa vez, o letrista não era Arnoldo Medeiros, mas o amigo de longa data, o jornalista William Prado, por coincidência, seu vizinho, morador do mesmo prédio, na Rua Pacheco Leão. Coube ao cantor Jorge Nery, um conhecido de Fred dos tempos do "Música Nossa", interpretar a primeira e única parceria dos dois ex-alunos da Faculdade de Direito do Catete:

Corre o mundo
Não tem parada
Ficar é nada
Seguir é ir melhor

Meu destino não tem fronteira
Meu passo é sempre maior

Aprendi a querer e não sonhar
Que a sorte só vem mesmo
É pra quem tem coragem de arriscar
Só procura a razão
Quem não vê o coração

E este mundo não reconhece
Quem só merece paixão
Mas não consegue ter

Ai do amor quando é sem vitória
Não faz história
Nem deixa a gente viver

Nem vencer
Só morrer

Aprendi a querer e não sonhar
Que a sorte só vem mesmo
É pra quem tem coragem de arriscar
Só procura a razão
Mas não vê o coração

*Que este mundo
Não reconhece
Quem só merece
Mas não consegue ter*

*Vai do amor quando é
Sem vitória
Não faz história
Nem deixa a gente viver*

*Nem vencer
Só morrer
Só morrer
Só morrer*

O arranjo de "Guerreiro", assim como os de todas as outras trilhas compostas por Fred, coube ao maestro Ivan Paulo. E a "pulada de cerca" de Frederico na parceria com Arnoldo não causou problemas entre os dois, uma vez que o letrista já havia criado versos para melodias de artistas como Egberto Gismonti, Arthur Verocai e Edmundo Souto. Fred e Arnoldo viviam um casamento musical aberto.

O ano de 1971 ia terminando repleto de vitórias para Fred, e em 9 de novembro, ainda houve tempo para mais uma. Bruno Quaino, diretor do Sistema Globo de Edições Musicais (Sigem), entregou ao "rei do caititu" um telegrama do francês Michel Legrand, no qual o autor de clássicos como "What are you doing the rest of your life" e da trilha sonora dos filmes *Duas garotas românticas, Os guarda-chuvas do amor* e *Crown, o magnífico*, solicitava autorização para que sua irmã, Christiane, gravasse "Shirley Sexy" numa versão em francês. A cantora iria lançar um LP somente com canções brasileiras, *Le Brésil de Christiane Legrand*, e seu irmão, pesquisando composições para incluir no disco, havia encontrado a música de Fred e Arnoldo. No telegrama, além da solicitação da autorização para gravar "Shirley Sexy", também havia o comprometimento de lançar a canção no festival Midem de 1972.

Coube à esposa do cineasta Jacques Demy – cujos filmes sempre contavam com Michel como autor das trilhas sonoras –, a também diretora Agnès Varda, a autoria da letra em francês de "Shirley Sexy". Agnès decidiu contar uma história totalmente diferente da original, criada por Arnoldo: no lugar do dia a dia de uma secretária, relatou os encontros furtivos de um casal em adultério, os quais se davam no Cine Roman.

> *Ah-lá-lá-lá vie*
> *Est au rabais dans um HLM*
> *J'en ai marre e J'en vie*
> *C'est qui sont sans problèms*
> *Ou nous dit quil faut être modernes*
> *Qui faut bien s'adpter*
> *mais je dit assez de ba livernes*
> *Je veux en profiter*
> *Moi, je veux un avenir rigolo*
> *Du luxe et du meilleur*
> *Je veux des amours et du vrai mélo*
> *Des robes et de fleurs*

Com arranjos de Michel Legrand, "HLM [as iniciais do casal] Cine Roman" seria lançada no festival Midem. Era a música do Titã chegando à Europa, e logo por intermédio de Legrand, outro de seus ídolos.

E, mesmo com a carreira em ascensão constante, Fred continuava o mesmo fominha dos tempos de anonimato. Volta e meia, aparecia pelas casas noturnas se oferecendo para dar canjas. Numa noite, enquanto dedilhava o piano de uma boate, um homem o abordou:

– O senhor pode apresentar a sua carteira?
– Que carteira?
– A da Ordem dos Músicos.
– Eu não tenho.
– Para se apresentar tem de ter. O senhor tem obra?
– Tenho.

Fred começou a tocar suas canções, todas as que tocavam no rádio. No final, o fiscal comentou:

– Essas músicas são suas? Mas é só sucesso!

Ele deu um cartão para Fred, dizendo:

– No dia que você quiser marcar o exame, é só me ligar.

Se quisesse seguir com sua carreira musical, Fred ia ter de pegar o telefone e ligar para marcar seu exame. O que o preocupava era não saber ler partituras, um problema que certa vez relatou ao seu mestre, o maestro Guerra-Peixe, que o tranquilizou de maneira bem-humorada:

– Pra que dar nome aos bois? Você já os conhece.

A frase do maestro era engraçada, mas lembrar-se dela não diminuía a inquietação de Frederico. Se ele fosse aprovado, seria classificado como "músico prático", que para ele era como se fosse considerado analfabeto musical.

Mas, superando seu temor, o Titã terminou por marcar sua avaliação. No dia 26 de junho de 1972, lá estava ele para passar pelo crivo de uma comissão julgadora composta por nomes como Luís Bittencourt, violonista dos regionais de Dante Santoro e de Benedito Lacerda, e o baixista Dalton Vogler, autor de "Balada triste", sucesso na voz de Agostinho Santos.

Eram nomes que podiam deixar o pernambucano intimidado, mas, depois de ter adentrado os apartamentos de Severino Filho e Elis Regina na cara e na coragem, Fred começou a ferir as cordas do seu Di Giorgio e soltar a voz para mostrar do que era capaz. Assim como fizera com o fiscal naquela noite na boate, mostrou suas canções mais famosas. No final, foi aprovado, com direito a tapinhas nas costas dos seus examinadores, o que o levou mais uma vez a derramar lágrimas.

Nas suas idas à Globo, o mais novo integrante da Ordem dos Músicos terminou por reencontrar amigos do passado que acabaram funcionários da casa. Um deles foi Ronald Chevalier, o garoto com o qual brincava e brigava no hotel do Catete onde viveu com o avô Leo. Formado em Economia, o rapaz trabalhava como responsável pelas finanças da emissora. Os dois relembraram as brincadeiras e brigas de infância, rindo bastante do desespero de Voleid quando Fred levava a pior.

Diferentemente de Fred, Roniquito não era um apreciador da água mineral Lindoya; gostava mesmo era de um bom uísque. O problema era que a reação do álcool no seu organismo tomava proporções explosivas. Após algumas doses, o homem cortês que era se transformava num verdadeiro Mister Hyde, capaz de dizer as piores barbaridades sem a menor preocupação com as consequências.

Certa vez, num bar frequentado pela classe artística, após tomar algumas talagadas, Roniquito avistou um ator que ainda se encontrava naquela fase de lutar por papéis melhores, e começou uma sessão de aporrinhação:

– Você só faz pontas. Você não é ator, é um lápis!
– Roniquito, dá um tempo.
– Lápis!
– Roniquito, eu tô pedindo, dá um tempo...
– Lápis! Lápis! LÁPIS!

A paciência do rapaz chegou ao fim depois de, além de chamá-lo de lápis, Roniquito passar a usar também um cardápio de palavrões bastante sortido. Não teve jeito: a vítima da língua implacável do Mr. Hyde da boemia carioca aplicou um corretivo na criatura implicante. Depois de deixar Ronald

arriado no chão, decidiu ir embora. Porém, não se dando por vencido, antes de o rapaz deixar o bar, Roniquito ainda fez sua última provocação:
– Tá fugindo, covarde?
Outro amigo que Fred reencontrou na TV Globo foi Paulinho, o filho de Silvino Neto, que havia dado um tempo na carreira musical, seguindo os passos do pai e se tornando o comediante Paulo Silvino. Na emissora, Paulinho trabalhava no humorístico *TV O Canal Zero*, programa no qual dava vazão a toda sorte de loucuras que sua engraçada criatividade gerava.

Mas, se tinha tido esses reencontros com Roniquito e Paulinho, Fred acabou por perder de vez a amizade de Torquato Neto. A cada dia, o Brasil enfrentava um novo retrocesso. Liberdade ia se tornando produto cada vez mais em falta. Isso foi fazendo com que o outrora aguerrido espírito do poeta piauiense fosse se abatendo. Na noite de 10 de novembro de 1972, Torquato saiu para comemorar 28 anos de vida com alguns amigos, mais a esposa, Ana Maria, e Thiago, seu pequeno filho. Em casa, esperou os dois adormecerem, foi para o banheiro e abriu o gás, deixando um bilhete no qual escreveu:

Pra mim chega. Vocês aí: peço o favor de não sacudirem demais o Thiago que ele pode acordar.

A morte do amigo deixou Fred muito abalado. Para ele, o afastamento havia acontecido mais pelos compromissos que ele havia tido, nada relacionado à sua participação no FIC. E ele mantinha a esperança de que, mais cedo ou mais tarde, os dois voltariam a ter a mesma amizade do passado, coisa que a morte veio definitivamente impossibilitar. Porém, fazendo valer o ciclo da vida, para aqueles que iam, outros acabavam chegando. Alguns meses antes de Torquato ter partido, no dia 19 de junho de 1972, Gisela deu à luz outra menina, que dessa vez não foi prematura e sobreviveu. Flávia foi o nome escolhido para a garota.

20 O pavio curto do Nonato

Fred e Arnoldo andavam com tanto cartaz com a Som Livre que Nonato Buzar fez com que a dupla fosse para o estúdio gravar um compacto com duas composições suas. Para a imprensa, com o seu habitual apreço pelo uso das palavras, Fred explicou por que ele e Arnoldo estavam se aventurando como intérpretes:
– Queremos mostrar a música na sua pureza e originalidade, pois, muitas vezes, os intérpretes acrescentam ou diminuem algo insubstituível quando fazem algumas modificações.
Lançado em maio de 1972, o compacto – mais uma vez com arranjos do maestro Ivan Paulo – trazia no lado A "Cordão do beija-flor", definida por Fred como "uma marchinha despretensiosa que lembra a alegria do Carnaval com um cheiro de lança-perfume".

Vou que vou piruetando
No cordão do beija-flor
Vou que faço reboliço
Abraçando o meu amor
Tô que tô pegando fogo
No batuque do tarol
Vou de banda e de bolanda
Empinando o guarda-sol
Quem lhe disse, que eu lhe disse
Que eu não quero mais
Se ouvisse o que ele disse
Não falava mais

No lado B, um baião em homenagem a Voleid, "Feriado em Caruaru", narrando um dia de festa na cidade onde a mãe de Fred nasceu.

É feriado em Caruaru
A fanfarra fanfarreou
Hoje é feira de Bom Jesus
O fandango já começou
Meu amor...
É romaria na Conceição
Tem cuscuz e sarapatel
Desafio de violão
Rapadura com pão de mel
E fogueira rosando o céu...
Lá vem Maria Lina de Cambucá
Squindim de coco do meu olhar
Chamego lindo de se gostar
Eia, adeus meu pé de jequitibá
Vesti meu terno de caroá
No miradouro, eu vou namorar
Eu vim passarinheiro, só pra lhe ver
Quem gosta, enrosca em seu bem-querer
Quem tem saudade não quer sofrer
Ei, mestre sanfoneiro, faça um favor
Tire um dobrado pra minha dor
Que o jeito dela me enluarou...

"Cordão do beija-flor" obteve um belo desempenho nas rádios, mas a dupla de compositores esbarrava numa certa má vontade da elite intelectual, que classificava a obra dos dois como algo menor. Sobre isso, ao ser entrevistado pelo *Jornal do Brasil*, Arnoldo declarou:

– Definitivamente, não somos autores de antologia. Mesmo porque quem faz antologia é o tempo e o volume de obras.

E a dupla seguia firme com as suas encomendas por novas composições; eram como Burt Bacharach e Al David, a dupla americana responsável por vários sucessos abaixo do Equador. Em *Uma rosa com amor*, novela das 19h da Globo, outra trama estrelada por Marília Pêra, emplacaram três canções: "Meu silêncio", "Bom de bico" e "Buona sera, Serafina", interpretada pelo ator Felipe Carone, o pai do personagem de Marília Pêra na atração. Nessa composição, Arnoldo criou uma letra bem fiel à trama, com um pai italiano narrando a rotina da filha – mais uma secretária. Sendo assim, Fred decidiu embarcar nessa fidelidade e criou uma melodia baseada num autêntico ritmo da Itália, uma tarantela, que ele tantas vezes ouvira nas comédias italianas e peças de teatro burlesco.

> *Ela é a dona de toda a alegria*
> *Mora no riso e na simpatia*
> *Faz o que pode e dá mais do que tem*
> *Um quebra-galho à procura de alguém*
> *Solta e solteira, tão bela e cafona*
> *Lindo modelo de uma madona*
> *É secretária e salve a Itália*
> *Stá tutto bene qui*
> *Buona Sera Serafina*
> *Quando ela passa é um reboliço*
> *No bate-papo de todo o cortiço*
> *Ma que vergonha, que desilusão*
> *Pobre ragazza, que decepção*
> *Que Santantonio te guarde e proteja*
> *Poi figlia mia só casa na igreja*
> *Véu e grinalda, vestido de cauda*
> *Noivo preu conversar*
> *Buona sera Serafina*

Andava tudo muito bem com a dupla na TV Globo e na Som Livre. Entretanto, Nonato Buzar, o grande responsável pela entrada dos dois na emissora do Jardim Botânico, acabou também sendo o causador do fim dessa era de vacas gordas. O maranhense era um sujeito de muito bom coração, compositor de imenso talento e sucessos na mesma proporção, mas tinha um sério problema: seu temperamento explosivo. Se algo irritasse Nonato, era motivo para um entrevero sem tamanho. E foi o que aconteceu numa reunião com Daniel Filho. O autor de "Vesti azul" não concordou com alguma colocação feita pelo responsável pela produção de teledramaturgia da TV Globo e houve um arranca-rabo que terminou com a demissão de Buzar.

No lugar de Nonato como responsável pelas trilhas das novelas globais entrou Mariozinho Rocha, que modificou o time de autores dos temas para as atrações da emissora. Nessa repaginada, Fred e Arnoldo, por serem muito ligados a Nonato, acabaram ficando de fora das futuras produções. Uma importante porta acabara de ser fechada.

21 Sem violão na mão esquerda

O governo do ditador Emílio Garrastazu Médici terminou em março de 1974, com a posse de um novo general, Ernesto Geisel. Eleito pelo Colégio Eleitoral, instituição formada por integrantes do Congresso e delegados das Assembleias Legislativas dos estados brasileiros, Geisel não era a escolha dos militares da ditadura militar, cuja vontade era ter alguém semelhante a Médici, que, a custo de uma sanguinária repressão movida por mortes e tortura, esmagou os focos de resistência ao regime. O novo ditador assumiu o poder com a promessa de abertura política. Porém, em suas palavras, ela se daria num processo "lento, gradual e seguro".

Enquanto isso, Fred lidava com o baque que o fim do ciclo como autor de temas para as novelas da TV Globo significava em sua carreira. Ele ainda conseguia encontrar disposição e inspiração para fazer caitituagem de suas novas composições e compor mais algumas no seu piano.

Paralelamente ao seu emprego como auxiliar forense, Frederico passou a trabalhar no escritório do advogado Levi Carneiro, o sócio de número 1 da Ordem dos Advogados do Brasil, o que lhe rendia mais um bem-vindo dinheiro, já que agora, com a chegada de Flávia, a família aumentara. Em maio de 1975, Fred foi nomeado pelo prefeito Marcos Tamoyo secretário geral do Tribunal de Recursos, o que foi mais uma ajuda nos seus proventos.

Essa nomeação de Fred ocorreu com a cidade do Rio de Janeiro já sem o status de cidade-estado. Em 1º de julho de 1974, Ernesto Geisel sancionou a Emenda Constitucional nº 20, de autoria do deputado arenista Célio Borja, que fundia os estados da Guanabara e do Rio de Janeiro. Foi um péssimo negócio para a ex-capital do país, que passou a ter de dividir sua receita com municípios em déficit.

Como sócio do clube Monte Líbano, Fred acabou como diretor cultural, criando, em 1972, um festival interclubes a fim de revelar novos talentos musicais. Cada clube social do Rio de Janeiro tinha direito a inscrever um determinado número de canções de autoria dos sócios. As músicas deveriam ser inéditas, jamais tendo participado de outras competições ou sido gravadas.

Além do Monte Líbano, obviamente, participavam os seguintes clubes: Sírio-Libanês, Social Ramos Clube, Umuarama, Associação Atlética Banco do Brasil, York, Braz de Pina Country Club e Associação Atlética Light. Um nome que se destacou no festival criado por Frederico foi Mario César Adnet. Era um adolescente de 15 anos, que participou representando o Monte Líbano com "Sonhos e verdades", uma valsa que havia criado com sua mãe, Carmen, com a qual se apresentou na competição.

A pedido do presidente da agremiação, Salomão Saad, o qual forneceu um farto material de pesquisa, Fred compôs o hino, uma marcha-rancho, mais uma vez tendo seu parceiro Arnoldo como letrista.

> *Com seus segredos de um passado milenar*
> *Navegadores dominaram todo o mar*
> *Aventureiros de heroica tradição*
> *Os libaneses vêm abrir seu coração*
> *Conquistadores com o sabre e a canção*
> *Pois inventores e poetas todos são*
> *Braços abertos nesta terra de adoção*
> *O Monte Líbano recebe os seus irmãos*
> *Saudade ainda dói na gente*
> *De um doce luar do Oriente*
> *Mas hoje a felicidade*
> *É tanta que eu fico aqui*
> *Em solo amigo o destino despertou*
> *Cresceram filhos que o carinho semeou*
> *Pois nesta terra o futuro nos sorriu*
> *E assim se uniu o velho cedro ao pau-brasil*
> *Há muitos anos espalhamos nosso amor*
> *Estamos juntos na alegria e na dor*
> *Braços abertos nesta terra de adoção*
> *O Monte Líbano recebe os seus irmãos*

O hino conquistou de imediato a simpatia das comunidades síria e libanesa. Wady Bedran, um dos fundadores da Saara (Sociedade de Amigos das Adjacências da Rua da Alfândega), convidou Fred para um almoço no seu tradicional restaurante de comida árabe na Rua da Alfândega, no qual o compositor se empanturrou dos melhores quibes e tabule da cidade.

Eventualmente, Fred ainda era lembrado pela mídia, como em agosto de 1977, quando, ao lado de cantores como Sonia Santos, Jorge Nery e seu ex-parceiro Paulinho Tapajós, foi um dos convidados do programa *É preciso cantar*, na TV Educativa.

Por meio do Decreto nº 2.138, de 4 de maio de 1979, Marcos Tamoyo, no seu último ano de mandato como prefeito, designou Fred como diretor do Departamento de Administração. Foi Frederico quem montou esse tribunal, cuja finalidade era atender às reivindicações de recursos dos servidores municipais. Eram promoções e algumas insatisfações que os "barnabés" viessem a ter. Na nova função, Fred trabalhava na Avenida Presidente Vargas, na Secretaria Municipal de Administração. Apesar do nome pomposo, o departamento era um verdadeiro "bloco do eu sozinho", que se limitava a uma mesa na qual Fred ficava instalado para receber os funcionários.

A nomeação trouxe uma melhora considerável aos proventos de Fred. Contudo, junto com esse reforço no caixa também veio uma enxurrada de cobranças, o que deixava o Titã a ponto de ter uma síncope. Nem mesmo alguém como ele, com uma energia de 220W, era capaz de suportar com serenidade tantas demandas sozinho e em condições precárias. Sempre que possível, ia fazer uma visita ao tio Lopo Coelho, a fim de tomar conselhos de como proceder nos momentos de crise, recorrendo à vasta experiência do veterano político.

Logo depois de terem lançado o compacto com "Cordão do beija-flor" e "Feriado em Caruaru", Fred e Arnoldo receberam a proposta de assinar um contrato de dois anos com a RCA Victor. Eles aceitaram, mas, passados dois anos, não entraram no estúdio de Copacabana nem para gravar sequer um compacto. O contrato se aproximava do fim e nada.

Assim como Fred, Arnoldo também era formado em Direito, e decidiu acionar a RCA Victor, visando a gravação de um novo disco. Antes, no entanto, o letrista perguntou se o parceiro entraria com ele na ação. Entretanto, Fred não se animou, e advertiu o amigo:

– Arnoldo, mesmo com a RCA Victor lançando um disco com a gente, ela não iria divulgá-lo. Seria um disco natimorto, não iria vender.

Com sua competência como advogado semelhante à de letrista, Arnoldo terminou por sair vitorioso na causa contra a gravadora: a RCA Victor cedeu e ele iria gravar seu LP. Em 1975, foi lançado *Arnoldo Medeiros, o homem, o poeta*, que contava com um time dos sonhos, formado por Luiz Eça (piano e arranjos), Tamba Trio (com Bebeto Castilho no contrabaixo), Hélio Delmiro (guitarra) e Chico Batera (obviamente na bateria). Nos vocais estavam Golden Boys, Trio Esperança e Evinha. A produção ficou por conta de Hélcio Milito, integrante da formação original do Tamba Trio. Das doze canções do LP, nove eram parceria de Arnoldo com Fred.

Entretanto, apesar de uma produção de deixar encantado qualquer estudioso da música brasileira, o disco chegou timidamente ao mercado. Fred não era astrólogo, mas sua previsão foi certeira – para evitar dores de cabeça, a RCA concordara em gravar o LP de Arnoldo, mas, feito isso, a gravadora considerou seu compromisso saldado; cuidar da divulgação não estava na lista.

Em novembro de 1979, Fred participou, no Sesc de Copacabana, de um show chamado "Músicos e Poetas", ao lado de nomes como Herman Torres, Paulo César Feital e Otávio Burnier.

Sonia Santos, cantora de bela e potente voz, chamada por Carlos Imperial de "a Diana Ross brasileira", havia gravado em 1974, pela Som Livre, um compacto produzido por Aloísio Legey, que trazia mais uma parceria de Fred e Arnoldo, um frevo chamado "Corrupio".

Enrolando o cordão
Ele diz sim
Ela diz não
Você não deu pedal
Para o meu coração
Enrolando o cordão
Ele diz sim, ela diz não
Há de haver outra igual para o meu coração
Zaranzando ela sai
E arrebita o que tem
Arrebata quem vai
Arrepia quem vem
Desenfreia que faz e desfaz zombeteira
Pra enferrujar
O meu freio de ar
No zai-zai ele cai
De chocalho na mão
Se esbandalha e não sai
Corrupia no chão

Desabafa que é bom
Pois o frevo peneira
É coceira no pé
Picadinho de som

    Seis anos após a gravação de Sonia Santos, Fred e Arnoldo inscreveram "Corrupio" no II Encontro do Frevo e do Maracatu, realizado em Recife em 1980. Como a organização do evento – ao qual a dupla acabou não comparecendo – não exigia que as canções fossem inéditas, Fred e Arnoldo a colocaram na disputa, conquistando a terceira colocação.

    Mas essas participações esporádicas em eventos musicais e o trabalho na coordenação cultural do Monte Líbano não passavam de voos esparsos para Fred. Ele sentia saudades do tempo de alta rotatividade como um dos compositores de grande popularidade no início da década. Desejava muito o aplauso, o contato com os demais artistas. O emprego público lhe dava segurança, mas ele queria voltar a ter reconhecimento. Sempre que passava próximo ao Edifício São Borja, relembrava os tempos de "rei do caititu", quando ia à gravadora Odeon mostrar suas composições aos artistas. Agora, passando por lá, carregava somente a pasta 007, nada de violão. Era inevitável não sentir um aperto no peito.

22 Coração enganador

Em 1980, no segundo ano do governo de João Batista de Oliveira Figueiredo, o novo general no comando do Brasil, Arnoldo Medeiros deixou o país para exercer o cargo de diretor no Banco Interamericano de Desenvolvimento (BID), em Washington, nos Estados Unidos. Não significava o fim da parceria, mas a distância pesou um pouco na frequência das criações da dupla.

Nessa mesma época, Fred havia estreitado laços com Carlos Colla, compositor que, em parceria com Maurício Duboc, tinha as canções "Falando sério" e "Comentários" gravadas por Roberto Carlos, um feito invejado por muitos autores, pois o antigo pupilo de Carlos Imperial havia se tornado o cantor de maior popularidade do país. Ter música em um LP dele era garantia de polpudos direitos autorais.

Certa ocasião, Fred chegou pela manhã no apartamento de Carlos Colla trazendo uma melodia que havia criado no seu Di Giorgio. Mal a ouviu, o anfitrião começou a escrever uma letra, só parando para almoçarem. Logo depois, retomaram o processo criativo, com o letrista pedindo a Frederico que cantasse cada nova frase que ia criando. Já ao anoitecer, Carlos chamou a esposa para mostrar o resultado de sua primeira parceria com o autor de "Namorada". Em seguida, ligou para um amigo bastante especial, o cantor Cauby Peixoto.

— Cauby, escuta o que eu e o Fred acabamos de fazer.

Assim como a esposa de Carlos, Cauby também caiu de amores pela canção e quis conversar com Fred.

— Professor Fred, isso é Lupicínio moderno.

O gaúcho Lupicínio Rodrigues era famoso por suas belas canções que contavam amores e as feridas que podiam provocar quando chegavam ao fim. A inspiração de Fred para sua primeira música em parceria com Carlos Colla veio do fim do seu casamento de 16 anos com Gisela. A canção, cuja letra relatava uma última tentativa de evitar o fim da relação, recebeu o nome de "Ato Final".

> *Você me olhou*
> *E me disse*
> *Já não pode ser*
> *Nossa vida*
> *E você ficou no tempo*
> *Eu resisti o que pude*
> *Pra não me humilhar*
> *Fiz de forte*
> *Tentei não chorar pra você não ver*
>
> *Me superei, um ator não faria melhor*
> *Num papel que eu sabia de cor*
> *Batam palmas pra mim*
> *Teu quarto foi meu camarim*
> *Representei na cama meu ato final*
> *E te beijei*
> *Te amei como profissional*
> *Disse meu bem*
> *A quem só queria o meu mal*
> *A cortina fechou*
> *A luz da plateia apagou*
> *Palmas pra mim*
> *E adeus*

A separação, como não poderia deixar de ser, rendeu seus traumas. Flávia aceitou com mais facilidade, mas, para Frederico, que já beirava a adolescência, ver o pai ir embora lhe causou revolta. No entanto, nessa história, houve alguém que se sentiu feliz com o acontecimento. Voleid, que havia afirmado que o casamento do filho não daria certo, viu naquilo a possibilidade de ter de volta o seu menino. Ficou numa felicidade tão grande que foi a uma concessionária e trouxe um Gol para dar de presente ao filho. Nos três primeiros anos após a separação, até que a vida do filho tomou o rumo desejado pela mãe – Fred levou a solteirice sem se envolver com nenhuma mulher mais seriamente. Mas um Cinzano, aquela bebida não muito bem-vista pela gente de gosto requintado, tornaria breve a alegria da viúva.

Numa noite de 1983, Fred foi a uma recepção no Copacabana Palace. Não demorou para o autor de "Shirley Sexy" voltar sua atenção para uma linda ruiva a trabalho no evento como garota-propaganda de Cinzano. Após lhe servir uma taça do vermute, a representante da bebida quis saber se ele desejava algo mais. O Titã foi bem direto:
– Eu quero você.
A ruiva se chamava Márcia. Os dois passaram a sair e, para desgosto de Voleid, iniciaram um namoro que causou controvérsia. Fred estava com 43 anos, enquanto a moça tinha vinte anos a menos. Os pais dela não aprovavam, e, quanto a Voleid, nem se fala.
– Você é um velho, não tem vergonha de ficar beijando essa garota na minha frente com essa tua boca murcha de velho?
Mas, se a viúva virtuosa e honesta não havia conseguido impedir o filho de se casar dezesseis anos antes, não seria agora, que era homem feito, que seus protestos surtiriam efeito. O namoro vingou e rendeu até música, a segunda parceria de Frederico com Carlos Colla.
Novamente no apartamento de Carlos Colla, o Titã mostrou para o parceiro uma melodia que havia criado e contou sobre o encantamento que estava vivendo com sua namorada. Colla prestou atenção em cada detalhe e, no mesmo processo da primeira canção feita pela dupla, letrou a música feita por Fred. Como não poderia deixar de ser, a canção foi batizada de "Márcia".

A poesia é tão pouco
Quase não dá pra falar
E o teu olhar brilha tanto
Que eu não sei se canto
Ou se paro pra olhar
Márcia...

Teus olhos guardam segredos
Sonhos, brinquedos, luar
Voltas, partidas, degredos
E todos os medos de ser e de dar

Deixa eu te tomar a mão e te levar comigo
Deixa eu ser teu sonho lindo
Ou ser o teu castigo
Veste a pele, assume essa nudez

Vem pro mundo como Deus te fez
Vem seguir o rumo que eu seguir
Dormir na cama que eu dormir

Depois de "Márcia", Fred comporia com Carlos Colla aquela que seria a terceira e última parceria dos dois. Certo dia, chegou ao apartamento de Carlos e lhe apresentou sua mais nova melodia, um blues, dizendo:
– Fiz essa pensando numa grande trepada.

Colla começou a trabalhar na letra e, no final, a dupla tinha "Cortinas":

De cortinas fechadas para o mundo
E o rádio ligado pra gente sonhar
Nossos olhos se fecham
As mãos se procuram
O arrepio na pele
O murmúrio na voz
De cortinas fechadas pros olhos do mundo
E o rádio ligado pra gente sonhar
Nossos olhos se fecham
As mãos se procuram
O arrepio na pele
O murmúrio na voz
Um milhão de loucuras passando na mente
Fantasias sem medo de se revelar
Seu perfume, seu cheiro
Me enlouquecendo
O seu corpo encostado
Apertado no meu
Explode, ama, beija e me abraça
E se mistura em mim
E a gente já não sabe mais nada
Quem sou eu?
Quem é você?
Explode, ama, beija e me abraça
Ultrapassando o céu
Duas vidas numa só
Vibrando na verdade desse amor
As cortinas se abrem de novo para o mundo
A loucura se acaba e volta ao normal
Nossos corpos se vestem

As bocas se calam
E caímos de novo no mundo real
Mas o brilho que existe nos olhos da gente
Permanece mostrando para o mundo afinal
Que o amor faz a vida ficar diferente
Mais bonita, mais pura, espiritual

Fred pensou em "Cortinas" sendo gravada por uma amiga da época dos festivais, Vanusa. Aproveitando uma passagem da loura no Rio, o rei do caititu marcou um encontro com ela, levando sua habitual fita K7, que continha a interpretação da canção acompanhada por seu piano. Vanusa – separada de Antônio Marcos havia alguns anos – ouviu e deu seu veredito para Fred:

– Gravei "Namorada" com o Toninho, ficou lindo. Mas esse blues é sensacional, muito sensual.

A canção entrou no LP *Primeira Estrela*, lançado pela RCA Victor em 1982. O arranjo ficou por conta do uruguaio Miguel Cidras, que caprichou no arranjo, tornando a canção um belo blues jazzístico, com metais e coro feminino. Tocou nas rádios, mas não foi uma repercussão semelhante à dos sucessos dos anos 1970; era sofisticada demais para cair no gosto popular de imediato. Mas ao menos trouxe para o Titã a alegria de ter novamente uma composição sua numa voz de renome.

Porém, "Márcia", a qual havia sido feita antes, levou mais tempo para ser gravada. Fred era amigo do compositor Luiz Bandeira, que se tornara produtor. Ele estava trabalhando no novo LP de Nelson Gonçalves e, ao encontrar o camarada, perguntou se ele não teria algo para seu cantor gravar. O Titã sacou sua "Márcia" e apresentou ao amigo, o qual mostrou-a para seu artista.

A segunda canção de Fred em parceria com Carlos Colla agradou a Nelson Gonçalves, que aceitou a sugestão do seu produtor para colocá-la no novo LP. Com isso, veio algo de que Fred gostava bastante: o encontro com o ídolo. No estúdio da RCA Victor, agora situado à Rua Correa Dutra, no Catete, o pernambucano pôde conhecer mais um artista pelo qual nutria admiração.

Como de costume, ao encontrar o ídolo, o Titã mais uma vez demonstrou todo o seu vasto conhecimento musical, cantando várias das canções de Nelson. Já com a simpatia do cantor garantida, Fred danou a conversar com o gaúcho, que, assim como o compositor, apresentava um problema na fala.

Enquanto Frederico sofria de gagueira, Nelson falava rápido demais. Fred deu a ele uma orientação sobre como proceder em relação a isso:

– Eu fico "engasgado" com algumas palavras. Aí, para que isso não aconteça, eu as evito. Adianta bastante.

Mais tarde, Nelson comentaria com seu produtor:

– Esse Fred é mesmo uma tremenda figura.

A canção fez parte do LP *Assim como antigamente*, lançado por Nelson em 1984. Entretanto, o que era para se tornar uma celebração do romance de Fred e Márcia virou trilha de fim de caso. Os paparicos que ele recebera na infância o tornaram um homem cheio de vontades – tudo deveria ser como ele desejasse. Então, numa noite cuidadosamente planejada por ele para ser perfeita com Márcia, a ruiva acabou se atrasando ao encontro. Quando ela chegou, encontrou o namorado com um mau humor que o fez terminar o namoro. Fred achava que o fato de Márcia se atrasar era sinal de que não encarava com seriedade o que viviam.

Mas, se para o filho de Voleid a história com Márcia tivera seu ponto final, para a jovem a coisa não funcionou dessa maneira. Ela se negava a aceitar o término. Ligava para Fred tendo como fundo musical a voz de Nelson Gonçalves interpretando a canção que o amado lhe fizera. Porém, foi tudo em vão: Frederico Guilherme foi irredutível, e Márcia passou a ser somente uma canção sua com Carlos Colla.

Nesse período, o Brasil começou a passar por uma tentativa de redemocratização. O general Figueiredo, homem sem muito domínio da palavra, com algumas declarações desastradas, prometia fazer do país uma democracia, e, se não concordassem, poderia "prender e arrebentar". Houve quem não concordasse, provocando atentados – em um deles, na sede da Associação Brasileira de Imprensa (ABI), a secretária Lida Monteiro da Silva morreu ao abrir um envelope-bomba. O pluripartidarismo voltou, com a Arena virando PDS, e MDB, PMDB, além da volta do PTB e da criação do PDT, legenda criada por Leonel Brizola, e do PT, o Partido dos Trabalhadores, fundado por sindicalistas. Houve em 1982, finalmente, eleições para o governo nos estados, e em 1984, um movimento em prol de eleições diretas, por intermédio de uma emenda proposta pelo deputado Dante de Oliveira, do Mato Grosso.

Era um tempo de efervescência política, mas do qual Lopo Coelho não participou. O homem com décadas de política era uma criatura amargurada com o abandono. Em 1977, Geisel o nomeara ministro do Superior Tribunal do Trabalho, o que significava um bom rendimento, mas, sem concorrer mais a eleições, foi perdendo importância no meio político. Seu apartamento, outrora sempre recebendo visitas de parlamentares em busca de seu apoio, passou a contar somente com a fidelidade do sobrinho Frederico Guilherme. Para ele, queixava-se:

– A gente infelizmente só vale pelo mal que pode fazer aos outros, não pelo bem.

Lopo viu a emenda Dante de Oliveira ser derrotada na Câmara em abril de 1984, pondo fim ao sonho de eleições diretas. Já estava muito doente, com o pulmão prejudicado por anos de tabagismo. No dia 18 de junho, depois de um período de internação, faleceu. Fred perdia seu mentor.

23 Cavalheiro de fina estampa

O fim do romance com Márcia não trouxe para Voleid a sonhada volta do filhinho à barra de sua saia. O apartamento de Fred passou a receber um grande número de visitas femininas. Ele conhecia as moças, usava seu dom da palavra e as levava para ouvir seu piano e um algo mais. Contudo, nem sempre era bem-sucedido.

Certa vez, na "Domingueira Voadora", noite de dança ao som da orquestra Tabajara do maestro Severino Araújo, no Circo Voador, uma tenda cultural localizada na Lapa, Fred conheceu mais uma moça. Engataram conversa, ele soube alguns detalhes sobre ela, uma psicanalista divorciada e com uma filha pequena. Como era de esperar, ele quis levá-la ao seu apartamento, mas ela não aceitou; não ia deixar de passar a noite com sua menina. Ela lhe passou o número do seu telefone para marcarem outro encontro.

Fred acabou perdendo o papel no qual havia anotado o contato da moça, dando por encerrado o caso. Um ano depois, numa daquelas inacreditáveis coincidências, durante o baile de Carnaval da terça-feira gorda do Monte Líbano, onde continuava como diretor cultural, ele a reencontrou.

Os dois acabaram ficando juntos por um tempo considerável. Contudo, o temperamento de "filhinho de Voleid" se manifestava quando ele ficava incomodado com a impossibilidade de os dois passarem uma noite juntos pelo fato de a jovem não querer ficar longe da filha. Certa ocasião, depois de ouvir mais um não como resposta ao seu pedido, ao deixá-la na porta de casa, acabou se despedindo dizendo:

– Olha, você é mais mãe do que amante.

Nunca mais se reencontraram.

Contudo, apesar de até sentir algo pela psicóloga, Fred logo a esqueceu, em meio a uma agitada vida de solteiro que aproveitava muito bem. E fazia isso por ter sido bem favorecido esteticamente. Aos 50 anos, era ainda um homem muito bonito. Em mais um evento no Copacabana Palace, além das

presenças femininas, a beleza de Fred acabou por chamar a atenção até de um homem, um americano, que em inglês lhe perguntou:
– Você é modelo?
– Não – Fred respondeu.
– Pois vai ser.
O gringo se chamava John Casablancas, um filho de imigrantes catalães nascidos em Nova York, proprietário da agência Elite Models, o homem que revolucionou o mundo da moda com as suas supermodelos e seus salários astronômicos. Ele levou Fred para sua agência, fez o *book* do novo agenciado e o colocou para fazer testes. Da noite para o dia, o compositor galã acabou aparecendo em várias revistas estrelando campanhas como a da American Airlines, na qual fazia um executivo; um sorridente usuário do Beclosol Nasal salvo da tortura da rinite; de bigode e óculos escuros, lembrando bastante o ator norte-americano Tom Selleck, do seriado Magnum, posou como um motorista de caminhão ouvinte da Rádio Globo; e para o Ponto Frio Bonzão, para o qual no passado criara uma série de *jingles*, agora estrelava uma propaganda do Dia dos Pais.

Nesse período em que Fred acrescentava mais alguns cruzeiros à sua conta bancária graças à sua beleza, o Brasil vivia o fim da ditadura civil-militar, pois, após a derrota da emenda Dante de Oliveira, foi lançada a candidatura do mineiro Tancredo Neves, em oposição ao candidato da situação, o ex-governador de São Paulo Paulo Salim Maluf, um nome que não contava com a simpatia de uma ala considerável das hostes governistas. Houve uma debandada de insatisfeitos que se juntaram a Tancredo. Um deles era José Sarney, ex-udenista, ex-arenista e presidente do PDS, que acabou como vice na chapa da oposição.

Com tanta gente pulando do barco, em 15 de janeiro de 1985, Tancredo Neves saiu vitorioso no colégio eleitoral, tornando-se, após 21 anos, o primeiro presidente civil do país. Houve grande euforia, pois, embora não tivesse sido eleito por voto direto, o novo presidente dava por encerrado o período do verde-oliva comandando o Brasil. Contudo, dois meses depois, logo no dia de sua posse, Tancredo baixou ao hospital com uma doença até o momento não muito conhecida, a diverticulite. Sarney assumiu temporariamente o governo, mas, em 21 de abril, Neves faleceu e ele tornou-se presidente. No final, elementos que haviam participado da ditadura permaneceram no poder. Só não havia fardas.

Nessa época, o meio musical vivia uma nova febre do rock 'n' roll, porém, com um alcance muito maior. Após o Rock in Rio, grande festival realizado na Cidade Maravilhosa, as rádios, que já andavam tocando canções da nova onda sonora, passaram a ter bandas como Paralamas do Sucesso, Kid Abelha e os Abóboras Selvagens, Ultraje a Rigor, Legião Urbana, Titãs, Ira!, e Barão Vermelho (que tinha como vocalista Agenor de Miranda Araújo Neto, o Cazuza, filho de João Araújo, o produtor de Fred nos tempos das trilhas de novela) tomando conta quase que totalmente da sua programação. Era o chamado B-Rock em todas as estações.

Para Fred, que no passado havia tocado rock no Copa Golf, essa coqueluche roqueira já não tinha mais a ver com o tipo de som que ele fazia. O pernambucano fazia um trabalho mais rebuscado, não sentia a menor atração pelos poucos acordes do rock, além de já estar se aproximando dos 50 anos, idade não indicada para aquele som juvenil. Fred estava sem espaço.

Nesse ínterim, o Brasil passava por mudança de moeda – o cruzeiro virou cruzado –, congelamento de preços – o fim da inflação –, eleições para governador e parlamentares estaduais e federais, descongelamento de preços após os aliados do governo Sarney vencerem as eleições na maioria dos estados e, por fim, hiperinflação.

O rock deixava de ser a onda do momento, passando a faixa para a lambada, um gênero dançante oriundo da região Norte do país, especialmente o Pará, que tinha influência de ritmos como o carimbó e o merengue. Artistas como Beto Barbosa, o conjunto Kaoma e Sidney Magal eram os principais nomes da mais nova tendência musical. Mais uma vez, Frederico não encontrava espaço com suas composições.

Por falar em "passar a faixa", em março de 1989, depois de cinco anos de mandato, com o país quebrado, José Sarney transferiu o comando do país a Fernando Collor de Mello, o primeiro presidente eleito pelo voto direto desde Jânio Quadros. Collor, ex-governador de Alagoas, teve como mote de campanha o combate à corrupção e aos funcionários públicos com supersalários, os chamados marajás. Ele vinha com a promessa de acabar com a inflação e fazer o Brasil galgar mais degraus entre as maiores economias do mundo. Teve como adversário no segundo turno o ex-líder sindical Luiz Inácio da Silva, o Lula, vencido numa campanha com diversas polêmicas, entre elas uma edição com momentos que favoreciam Collor no último debate na Rede Globo, transmitido no *Jornal Nacional*, o telejornal de maior audiência do país; a prisão dos sequestradores do empresário Abílio Diniz, com um dos criminosos tendo sido obrigado a vestir uma camisa com a estrela do Partido dos Trabalhadores, de Lula; e até o depoimento, no horário eleitoral, de uma ex-namorada de Lula o acusando de ter sugerido que ela abortasse a filha que os dois tiveram. Logo que assumiu o poder, Collor colocou em prática um plano econômico que teve como principal e mais criticada medida o confisco da poupança – sendo que havia acusado o adversário de pretender fazer isso –, que provocou o desespero de milhões de brasileiros, que se viram da noite para o dia impedidos de dispor de suas economias guardadas no banco. Fred agradecia muito ao falecido tio Lopo pelo emprego que lhe havia arranjado, pois o livrou desse aperto enfrentado por muitos.

No dia primeiro de abril de 1990, Fred foi aproveitar o domingo de sol indo à praia do Flamengo. Na areia, enquanto cuidava de seu bronzeado, ficou observando uma menininha de seus 7 anos, que brincava fazendo um castelo de areia sob o olhar da mãe. A criança era uma garotinha de traços orientais, e a mãe, uma loura de seus 30 anos, um bocado interessante. O Titã resolveu puxar conversa com a moça, bancando o John Casablancas:

– Você sabe que é mãe de uma futura modelo?

A moça não ouviu direito, pensou tratar-se de um elogio para ela, e agradeceu:

– Obrigada.

Sem perceber que resvalava na indelicadeza, Fred explicou:

– Mas não é você não, é a sua filha, a menina brincando ali.

Apesar dessa falta de tato, Fred terminou esticando a conversa com Vera Lúcia, a mãe da menina, Ana Carolina. Ele soube que os traços orientais da menina vinham do pai, um descendente de japoneses, de quem Vera era separada. Já com o sol se pondo, Fred parou com mãe e filha numa farmácia, onde conseguiu papel e caneta para anotar o número do telefone da moça. Dessa vez, guardou com bastante cuidado, para não perder.

24 Ser feliz

Fred ligou para Vera e os dois acabaram saindo uma vez. E outra. E mais outra. E a coisa ficou séria. Naquele primeiro encontro na praia, quando ele contou que era compositor, ela achou que era apenas conversa, mais uma lorota como a de que era modelo. Mas, informando-se melhor, os amigos lhe contaram que suas músicas eram conhecidas, e, quando ele lhe mostrou as fotos de algumas campanhas nas quais havia trabalhado, descobriu que estava namorando alguém que não era um anônimo.

Vera passou a ir nos fins de semana com Carolina e Luzia, sua outra filha, que tinha 15 anos, ao apartamento de Fred na Rua Dois de Dezembro. Numa manhã de domingo, ainda de pijama, Fred estava ao piano tocando algumas músicas, quando Carol se aproximou e começou a dançar. Entusiasmado com o acompanhamento, o Titã foi emendando uma canção na outra, até finalmente chamar a namorada e dizer:

– Vera, matricula amanhã mesmo essa menina no balé. Ela é uma bailarina nata.

Já bastante conhecedor do comportamento de Voleid para com as namoradas que ele lhe apresentava, Frederico adiou até onde deu o momento de a mãe conhecer Vera. Quando isso aconteceu, a ciumenta progenitora não deixou de soltar suas farpas para o novo amor do filho:

– Veja só, quando o Fred melhorou de situação, em vez de me ajudar, se casou com a Gisela.

Vera ouviu as lamúrias de Voleid, mas elas não abalaram seu namoro. A mãe da menina também seguiu a orientação de Fred e inscreveu Ana Carolina na Escola de Dança Maria Olenewa, do Theatro Municipal do Rio de Janeiro, para a qual a garota foi aprovada, após uma avaliação bem puxada.

Tudo ia bem com Fred e Vera, o que fez com que Voleid, depois de constatar que o novo romance de seu filho era mesmo para valer, e que a namorada dele antes fora casada com o nissei Hisao Nakamura, passasse a só se referir à moça como "a mulher do japonês".

Voleid era mesmo assim com todas as namoradas do filho. Entretanto, houve duas exceções, duas mulheres que acabaram caindo nas graças dela. A primeira, uma colega de Fred do tempo do Franco-Brasileiro, divorciada, que levou na separação uma boa pensão. A segunda era ex-nora de um desembargador, gozando de todas as vantagens financeiras que o Judiciário oferecia. Ou seja, o coração da virtuosa viúva amolecia somente diante da possibilidade de o filho se casar com uma mulher detentora de um bom dote.

Porém, apesar desses sentimentos não muito admiráveis da mãe, Fred reconhecia suas qualidades, tanto é que, certo dia, surgiu com "Retrato falado de dona Voleid". Era um poema com mais de uma centena e meia de versos, no qual contava a história dos dois, desde as comidas que ela lhe servia até o carro com que ela o presenteou. Encerrava sua obra com um reconhecimento de que Voleid tinha seus defeitos, mas, no balanço geral, era uma boa mãe:

> *E é por isso que eu afirmo*
> *Com a maior convicção*
> *Apesar dos atritos*
> *E dos conflitos de geração*
> *Nada poderá tirar o brilho*
> *E apagar a emoção*
> *Desse nosso eterno idílio*
> *Beijos do Fred, seu filho*

Nesse ínterim, o governo de Fernando Collor, com sua desastrosa política econômica, ia deixando o país em total desesperança, com muita gente acreditando que o melhor caminho para uma vida melhor era o aeroporto. No meio musical, o que se ouvia nas rádios eram duplas de cantores chamados sertanejos, que até traziam ecos de artistas clássicos como Tonico e Tinoco; Tião Carreiro e Pardinho; e Milionário e José Rico, mas com uma forte influência da música country norte-americana. Surgiam cantoras como Roberta Miranda e duplas como Leandro e Leonardo; Zezé Di Camargo e Luciano; e Chitãozinho e Xororó, esta última fazendo a versão no seu estilo do samba "No rancho fundo", composição de Ary Barroso e Lamartine Babo. A canção teve sua primeira gravação em 1931, e tinha como intérprete Elisinha Coelho, a irmã do tio Lopo, mãe do jornalista Goulart de Andrade, apresentador do programa *Comando da Madrugada*.

Como vinha acontecendo com todas as modas musicais, artistas que não andassem de chapéu e botas não obtinham espaço na mídia. Esse era mais um período no qual Fred não conseguia se encaixar. Mas, mesmo com esse panorama e o acúmulo de trabalho no Estado, não desejou mais ficar tão afastado do ambiente musical como tempos atrás, procurando manter contato com amigos do ramo.

Foi numa visita ao antigo estúdio da RCA em Copacabana, agora conhecido como Companhia dos Técnicos, que acabou conhecendo Ed Wilson. Edson Barros, cantor ídolo da Jovem Guarda, era mais uma descoberta de Carlos Imperial – sempre ele na vida de Fred –, responsável até por seu nome artístico, uma vez que achava o nome de batismo do pupilo mais apropriado para um bancário. Após a onda jovenguardista ter passado, Ed se reinventara, tornando-se também um compositor de muitos sucessos, tendo sido o mais famoso deles, "Chuva de Prata", parceria com Ronaldo Bastos, gravado por Gal Costa. Ao ser apresentado a Fred, Edinho revelou a admiração que tinha pelo trabalho do pernambucano, especialmente por "Minha Marisa", que trazia o nome de sua esposa.

A admiração de Ed Wilson pelo trabalho de Fred terminou numa parceria, a qual teve como inspiração as pazes feitas pelo Titã com Vera, após um desentendimento entre o casal. "Jura" foi o nome dado ao lindo bolero composto por Ed Wilson e Fred Falcão.

Jura
Diz outra vez que me ama
Faz renascer essa chama
Que a distância apagou

Olha
O tempo de amar é agora
Esquece os ponteiros da hora
Quem marca o tempo é a paixão

Deixa aflorar teus sentidos
Deixa solta a libido e se entrega ao amor
Quero ouvir outra vez da tua boca
Quando eu te deixar muito louca
Você gritar meu amor...

Lembra quantas vezes brigamos
Quantas vezes voltamos
O amor é assim
Volta, fica logo comigo
Tudo só tem sentido quando estou com você.

Logo depois, a dupla compôs uma segunda canção. Relembrando as guarânias que na sua infância ouvia no rádio, Fred criou uma melodia no gênero, que depois de letrada foi batizada como "Carrossel":

A nossa história começou assim
Foi numa festa onde nos encontramos
E nós dois trocamos um olhar sem fim.
Nunca vi coisa mais linda
Era tão menino ainda
Eu quis ser um beija-flor
Pra sair voando e ter o seu amor
Mas, de repente, o sonho se desfaz
E num instante o tempo foi passando
E aquele menino se tornou rapaz
Hoje guardo na lembrança
Trago na recordação
Marcas desse amor-criança
Presas lá no fundo do meu coração.
Quando eu volto à minha terra
Na esperança de encontrar
Aquele que foi primeiro
O amor verdadeiro
Não está mais lá.
E a vida passa, o mundo vai girando
O amor passando como um carrossel
Passa o primeiro, vem logo o segundo, chega o terceiro
O quarto tira o véu
Muitos amores tive nessa vida
Por todos eles eu já fui querida
Passou o tempo, foram se acabando
Chegou o vento foi o amor levando

Depois de "Carrossel", fizeram "Agora eu sei", um samba.

Agora eu sei
Foi a distância que me fez compreender
Sem teu amor eu já não posso mais viver
E essa saudade que me mata
E que me faz enlouquecer
Vivendo sem você
Eu vou morrendo.
Foi com você
Que eu aprendi felicidade e alegria
Regando a flor do nosso amor a cada dia
E aprendendo a conviver com seus defeitos
Já não tem mais solução
Quem ama esquece a ingratidão
Perdoa as faltas quando fala o coração.
Não posso mais
Ouvir canções sentimentais
Nem assistir aos velhos filmes de amor
Quero esquecer aquele tempo que passou
Foi muita emoção
Para o meu pobre coração.
Eu vou sofrer
A cada vez que eu te ver
Com um novo amor
E nem sequer olhar pra mim
Mas mesmo assim
De alguma forma eu vou tentar
Achar uma maneira pra fazer você voltar.

Essas três canções foram gravadas num estúdio no Grajaú, bairro da zona norte carioca, de propriedade de um amigo de Edinho chamado Waldir Cunha, cuja filha, Kátia, era uma cantora de sucessos românticos como "Qualquer jeito", versão de uma canção americana feita pelo padrinho da jovem, ninguém menos que Roberto Carlos. Na gravação, Ed cantou com sua bela voz, enquanto Fred o acompanhou nos teclados.

Edinho mandou a fita com "Carrossel" para uma amiga de longa data, a cantora Rosemary, estrela também surgida na Jovem Guarda. Ela estava preparando um novo disco, no qual procurava pegar um pouco da onda sertaneja, e acabou gostando da canção, que se adequava ao gênero musical em voga, já que um dos grandes sucessos da dupla Chitãozinho e Xororó, "Fio de cabelo", também era uma guarânia, como a composição de Fred e Ed Wilson.

Verdadeiro Amor, nome do LP de Rosemary, que trazia "Carrossel", foi lançado em 1992, ano que marcou uma grande crise no governo de Fernando Collor, acusado pelo próprio irmão de liderar um esquema de corrupção. Como ocorrera no apagar das luzes do governo Figueiredo, muitos parlamentares da situação abandonaram o barco, passando a apoiar o *impeachment* de Collor, que foi aprovado em 2 de outubro de 1992, assumindo a Presidência o vice, o mineiro Itamar Franco.

Com a queda de Collor, o sertanejo, que era classificado como trilha sonora do seu governo, perdeu um pouco a força, mas seus principais artistas, já com a carreira consolidada, não tiveram sua popularidade diminuída. Entretanto, as gravadoras investiam em um novo gênero. Com cantores da Bahia, surgia a axé music, cujos principais artistas eram grupos como Asa de Águia, É o Tchan!, Companhia do Pagode e Chiclete com Banana, além das cantoras Margareth Menezes, Sarajane e Daniela Mercury.

Mesmo com mais uma novidade na qual não se enquadrava, Fred conseguiu que "Agora eu sei" fosse gravada pelo cantor Elson do Forrogode. Depois disso, ficou um bom tempo sem ter uma composição gravada. Até que, em 1995, exercitando seu título de rei do caititu, foi à casa de espetáculos Scala, no Leblon, onde se apresentava a cantora Watusi, e, após o término do show, foi ao camarim da artista e lhe entregou uma fita com "Jura".

Nascida Maria Alice Conceição, negra, alta, muito bonita, passou a se chamar Watusi em referência à tribo africana cujos integrantes são famosos pela estatura elevada. Foi descoberta em 1967, cantando "Risque", de Ary Barroso, no programa *Porta da Fama*. De 1978 a 1982, foi a principal vedete do Moulin Rouge, a famosa casa de espetáculos parisiense. De volta ao Brasil, quando Fred foi ao seu camarim, fazia treze anos que estrelava ao lado do ator Grande Otelo, de segunda a segunda, o espetáculo *Golden Rio*, dirigido por Maurício Sherman. Watusi estava com contrato com a gravadora Som Livre, e, depois de ouvir "Jura", decidiu incluí-la no seu disco, que teria arranjos do maestro Jota Moraes.

Ao elaborar o arranjo do bolero de Fred e Edinho, o maestro, que também tocou teclado na gravação, pediu antes que o rei do caititu fosse ao seu apartamento para lhe passar todas as nuances da melodia do bolero. "Jura", inspirada em sua história com Vera, teve seu lugar garantido em *Um amor demais*, nome dado ao CD (*compact disc*, um disco a *laser* de 4,7 polegadas, que chegara para substituir o vinil) de Watusi, e pouco depois passou a fazer parte da trilha sonora de uma nova versão da novela *Irmãos Coragem*. Isso garantiu execuções diárias da composição de Fred e Ed Wilson em rede nacional no horário das 18 horas.

Enquanto "Jura" embalava a novela global, o Brasil se encontrava numa rara estabilidade econômica. Em fevereiro de 1994, por intermédio da Medida Provisória nº 434, Itamar Franco pôs em prática mais um plano econômico no país, na tentativa de salvá-lo da hiperinflação. Foi criada a Unidade Real de Valor, a URV, a fim de garantir a transição para a nova moeda, o real, que iria batizar o plano econômico.

Com o mesmo valor do dólar americano, o real entrou em vigor em julho de 1994, e, juntamente com as demais medidas tomadas por Rubens Ricupero, o ministro da Fazenda, e a equipe econômica – como a desindexação –, obteve uma drástica queda no índice de inflação, aumentando o poder de compra do brasileiro.

Em ano eleitoral, o Plano Real acabou por ser a maior plataforma que o governo poderia desejar. Apesar de não pertencer ao PMDB de Itamar, Fernando Henrique Cardoso, que antes de Ricupero ocupara a pasta da Fazenda, saiu como candidato governista pelo PSDB e foi apresentado como um dos pais do plano econômico que vinha sendo bem-sucedido. O petista Lula, que no pleito anterior havia ido ao segundo turno contra Collor, dessa vez não foi ameaça para Fernando Henrique, que se elegeu logo no primeiro turno, graças a um eleitorado eufórico com os resultados obtidos com o Real.

Além de Fernando Henrique, um brasileiro comum também teve seu momento de felicidade proporcionado pela nova moeda. Certa ocasião, indo para casa, Fred ouviu no ônibus um rapaz assobiando a sua "Namorada". Ele não se conteve e acabou abordando o assobiador:

– Sabia que eu sou o autor dessa música?

Depois de contar uma boa parte da sua história e obra, antes de saltar no seu ponto, de tanta felicidade em testemunhar que sua música atravessara o tempo, Fred meteu a mão na carteira, tirou dela uma nota de 50 e a deu para o fã.

25 Encontros e parcerias

Após cinco anos trabalhando como modelo fotográfico, Fred começou a ficar desencantado com a atividade. A agência o indicava para trabalhos e ele, na maioria das vezes acompanhado de Vera, ia participar dos testes e aguardava por horas a vez de ser chamado, para no final ser preterido por um concorrente que considerava inferior a ele. Com seu emprego público o livrando das preocupações financeiras no fim do mês, o Titã chegou à conclusão de que não valia a pena se submeter a esse sacrifício em troca de um cachê e abandonou a carreira na qual usava seus atributos estéticos para vender produtos.

Fred voltaria alguns anos mais tarde à Elite Models, não para retomar sua carreira como garoto-propaganda, mas para provar que estava certo sobre Carol ser uma futura modelo. Quando a filha da sua namorada estava com 15 anos, ele a apresentou a Sérgio Mattos, diretor da agência, fez o book da menina e ela começou a maratona de testes. Depois de algum tempo, sua beleza com traços orientais, tão diferente das meninas de cabelo louro escorrido tipo Kate Moss, já estava lhe garantindo um bom número de trabalhos.

Fred havia se aposentado, podendo então se dedicar exclusivamente à sua música. Entretanto, um mal que o perseguiu por anos terminou por se tornar insuportável. O apelido de Fred Lindoya, que os amigos da turma de Laranjeiras lhe deram porque nunca bebia álcool, apenas água mineral, vinha da azia que sentia caso tomasse uma simples cerveja. Somente em 1987, o médico diagnosticou a causa do incômodo que sentia: hérnia de hiato. Era o deslocamento do estômago para a cavidade torácica, devido à fraqueza do diafragma. O tratamento poderia ser com remédios, mas, em casos mais graves, só mesmo uma cirurgia por laparoscopia. Dez anos após o diagnóstico, em 1997, Fred deu entrada no Hospital Samaritano. Enquanto sua maca era levada para o centro cirúrgico, começou a temer pela possibilidade de ter o mesmo destino que o de seu pai, sessenta anos antes, e vir a falecer enquanto era operado. Mas correu tudo bem; Fred recobrou-se da anestesia e teve uma excelente recuperação. No final, continuou sem ingerir álcool, mas pôde enfim voltar a comer feijão sem depois ter a sensação de que tinha jogado chumbo derretido goela abaixo, seu maior desejo.

Mas se o Titã voltara a gozar de saúde perfeita, o mesmo não podia ser dito do Brasil, que novamente atravessava dias difíceis. Graças à aprovação de forma bastante suspeita da emenda que possibilitava a reeleição presidencial, Fernando Henrique Cardoso, ainda surfando na estabilidade do real, obteve um segundo mandato. Porém, após uma crise na Rússia, também em 1998, houve a desvalorização da moeda, um alto índice de desemprego, endividamento público e cortes de gastos em setores como saúde e educação.

Para Fred, um estímulo foi ter sido – por intermédio de um amigo contrabaixista que tocara com Taiguara – apresentado a um novo parceiro. Carlos Henrique Costa, ou simplesmente Carlos Costa, assim como Fred, também era funcionário público estadual, tendo participado de vários festivais universitários na década de 1980, com a canção "Meu coração é você" (com Cláudio Cartier) gravada em 1998 pelo cantor Emílio Santiago.

A primeira canção feita pela dupla foi um bolero batizado de "Soberana".

> *Vem você*
> *Não sei de onde*
> *Tão humana*
> *Tão perto e longe*
> *Tão intensa*
> *Tua luz brilhou*
> *Iluminou meu coração*
> *É você só o que importa*
> *Soberana*
> *Abrindo a porta*
> *Nunca mais*
> *Eu vou amar assim*
> *Ai meu Deus*
> *O que será de mim*

Depois, Fred apresentou ao novo parceiro uma balada que sofrera influência de "Penny Lane", dos Beatles, sugerindo que fizessem uma homenagem a Paul McCartney. Carlos Costa, pródigo em criar trocadilhos, veio com "Liver Paul", numa referência a Liverpool, a cidade natal do cantor e compositor inglês, membro da mais popular banda de rock, citando frases de algumas das suas canções.

> *Liverpula de alegria*
> *James Paul McCartney*
> *Um pouco de sorte*
> *E o mundo seu*
> *Little boy*
> *Tomorrow yesterday*
> *And when I go away*
> *By the long and winding road*
> *Liverpura melodia*
> *Livre, leve e linda*
> *Foles em folia*
> *Inglaterra a cantar*
> *Your mother, Penny Lane*
> *Oh, darling, dear friend*
> *All my loving*
> *I love you.*
> *Sua voz levou*
> *O carinho na canção*
> *Como um passarinho*
> *Alegrou meu coração*

Enquanto não surgiam novas oportunidades de ver suas músicas gravadas, Fred se dedicava a compor novas melodias e praticar seu piano seis horas ao dia. Além disso, foi descoberto por pesquisadores que o procuravam em busca de suas informações como testemunha ocular da história da Música Popular Brasileira. Ele os recebia, compartilhava tudo o que conhecia e mostrava as gravações de todas as suas safras. Enquanto os visitantes ouviam suas composições, deixava a modéstia de lado e exclamava:

– Você está demais, Fred Falcão!

De vez em quando, os depoimentos que concedia eram interrompidos por ligações telefônicas. Era Voleid, que morava sozinha desde a morte da mãe, em 1990, ligando para Fred a fim de saber como o filho estava e relatar suas vicissitudes diárias. Como num sábado, após ter ido a um aniversário na véspera e ter passado mal com o pedaço de bolo que trouxera

da festa. Ao ouvir a queixa da mãe, o compositor memorialista dava sua solução para o caso:
– Se o problema é o bolo, jogue o bolo fora, mamãe.
E complementava com um dito popular de duplo sentido:
– É como diz o ditado: "O bolo é o consolo de toda viúva".

Um amigo de Fred desde 1968, Marcelo Silva, também se tornou parceiro em 2002. Marcelo era o letrista campeão do FIC 1971, com a barroca "Kyrie", parceria com Paulinho Soares, defendida pelo Trio Esperança. A primeira composição da dupla foi "Pelourinho da saudade".

> *Pior que ter saudade de você*
> *É não lhe ter*
> *Pior que ver o dia amanhecer*
> *É anoitecer sem ver você*
> *E então sofrer*
> *Diz, meu coração*
> *Conta o segredo*
> *Fala para mim*
> *Seu confidente*
> *Por que ficar assim tão diferente*
> *Pior pra ela e pra mim*
> *Pior pra gente*
> *Já vai longe o tempo do degredo*
> *Não se fala mais em escravidão*
> *No tronco desse amor*
> *Eu vivo acorrentado*
> *Fingindo não temer*
> *Eu vivo amedrontado*
> *Pareço uma criança na escuridão*
> *Sofrer, eu não*
> *Estou no pelourinho*
> *Preso da saudade*
> *Carente de carinho*
> *Isso é que é maldade*
> *Preciso desse amor para me libertar*

Contudo, em pleno terceiro milênio, quem realmente se encontrava no pelourinho era o brasileiro vivendo no governo FHC. Eram 12% de desempregados, o real desvalorizado em 40%, ida ao FMI, crise no setor elétrico, com interrupções em grande parte do país – os apagões – e racionamento de energia. Na eleição de 2002, o candidato da situação foi o paulista José Serra, ex-ministro do Planejamento e da Saúde de Fernando Henrique, que no segundo turno enfrentou um Luiz Inácio Lula da Silva mais experiente em sua terceira tentativa, pois havia procurado apagar a imagem de líder radical que a classe média tinha dele. Ainda assim, nos últimos dias de campanha. Regina Duarte, uma das mais populares atrizes brasileiras, eleitora de Serra, surgiu na TV afirmando sentir medo de uma vitória do petista, o que trouxe de volta o fantasma da derrota de 1989. Porém, em 27 de outubro de 2002, Lula saiu vencedor do segundo turno, tornando-se o 35º presidente brasileiro. Discursando logo após a confirmação de sua vitória, disse:

– A esperança venceu o medo.

Os saraus do Fred

As queixas com relação à saúde que Voleid fazia a cada ligação para Frederico foram aumentando. E sem que ela tivesse comido uma fatia de bolo de aniversário que fosse. Ela não estava somatizando; na verdade, estava com câncer. Sofreu uma cirurgia, na qual seu intestino foi acidentalmente perfurado, causando-lhe septicemia. Como se isso já não fosse suficiente, a mulher de quase 90 anos ainda precisou colocar uma ponte de safena no coração. Ela ficou um bom tempo internada, provocando um desgaste mais do que compreensível em Fred, vendo a mãe na UTI definhando a cada dia. Aos amigos, ele comentava:
– Estou arrancando meus cabelos.
Voleid faleceu em dezembro de 2006, perto de completar 90 anos. Seguindo suas orientações, seu corpo foi cremado, e Fred levou suas cinzas ao Jardim Botânico, onde as depositou ao pé de uma árvore que, de tão grande, dava a impressão de tocar o céu. Ele acabou indo morar no apartamento onde a mãe viveu seus últimos anos, na Rua Coelho Neto, voltando aos poucos à sua rotina musical.
Entretanto, enquanto o Titã compunha em ritmo frenético com o parceiro Carlos Costa, as gravadoras iam diminuindo seus lançamentos. No novo século, o computador foi deixando de ser um item restrito às empresas, passando a fazer parte dos lares. Além disso, surgia a internet, a rede mundial de computadores, que possibilitava a comunicação entre usuários ao redor do mundo e admiráveis possibilidades de informação.
Em 1999, nos Estados Unidos, surgiu uma invenção no mundo da informática que abalou o mercado fonográfico. Criado por Shawn Fanning e Sean Parker, o Napster era um programa de compartilhamento de arquivos, na sua maioria, áudios no formato MP3. Em seus lares, milhões de usuários podiam coletar esse material – no idioma da informática, fazer um download ou baixar – ou compartilhá-lo. O arquivo continha uma

canção, o que acabava com a necessidade de gastar dinheiro na compra de um CD. Em 2001, o Napster chegou a contar com 8 milhões de usuários, os quais compartilhavam algo em torno de 20 milhões de arquivos.

As gravadoras acusaram a criação de Fanning e Parker de pirataria e moveram uma série de processos, que culminou com o desligamento dos servidores de compartilhamento e a venda do Napster, em dezembro de 2002, para uma fabricante de programas para gravação de CD, que voltou a oferecer músicas para download, porém, mediante um pagamento por isso. No entanto, o compartilhamento gratuito era irreversível, pois, mesmo com processos contra usuários que baixavam músicas, novos programas, como Audiogalaxy, Morpheus, e Donkey, Kazaa e WinMX iam surgindo. As gravadoras viam suas vendas caindo paulatinamente.

No entanto, Fred e seu parceiro Carlos Costa não deram muita importância para a crise no mercado fonográfico. Em 2007, a dupla lançou *Ímparceria*, um CD gravado no estúdio Planet Mix, de Mário Bastos, na Barra da Tijuca, trazendo catorze canções compostas pelos dois, com Carlos cantando e Fred tocando piano. No repertório havia o bonito baião "Promessa temporã", com seu refrão contagiante.

A vida seria bem melhor
Não fosse a fatal revelação
O tempo fotógrafo maior
Realça o real e a ilusão
Passado, presente e porvir
São notas que fogem da canção
A gente deixou escapulir
Nos dedos velozes da emoção

Eu vou cantar até o amanhecer
A felicidade que há em mim
Mas vou cantar com olhos de não ver
Que o meu canto um dia vai ter fim

O sol é a lua de amanhã
O mar é o rio que já foi
A terra promessa temporã
Sem antes, durante, nem depois
Mas certa incerteza vai além
Compensa e acende o coração

O medo da morte é quase um bem
Que um dia levamos ao porão

Eu vou cantar até o amanhecer
A felicidade que há em mim
Mas vou cantar com olhos de não ver
Que o meu canto um dia vai ter fim

A vida não para de doer
Do grito primal à extrema-unção
Como um horizonte a se perder
No verde fantasma do sertão
E o tempo fotógrafo maior
Revela uma nova dimensão
A vida é a morte ao meu redor
Viver nunca foi morrer em vão

O CD ficou apenas como uma satisfação pessoal de seus dois artistas. Não tocou nas rádios nem foi vendido. As mil cópias que os dois mandaram prensar foram somente para ser presenteadas a amigos e familiares, ou dadas a algum jornalista do setor cultural para mostrar a qualidade do trabalho. A bem da verdade, era o que a maioria dos artistas fazia com seus CDs – tornavam-nos uma plataforma de divulgação para seu trabalho e uma possibilidade de fazer shows pelo país, pois vendê-los já não era mais fonte de lucro.

Em abril, ao completar seus 70 anos de idade, Fred resolveu comemorar com uma grande festa no playground do prédio da Coelho Neto. Convidou várias pessoas que passaram por sua vida, como os amigos da turma da General Glicério e artistas como Os Cariocas, Tibério Gaspar, Hélio Delmiro, Nonato Buzar, Maurício Einhorn, Adonis Karan – o produtor responsável pelos festivais universitários –, Carlos Costa, Marcelo Silva, o poeta Euclides Amaral e o jornalista e fundador do Museu da Imagem e do Som, Ricardo Cravo Albin.

Além dos comes e bebes, Fred também providenciou um local no playground, no qual colocou teclado, microfones e amplificadores, para que os amigos artistas pudessem se apresentar. Desnecessário dizer que o aniversariante não se furtou de chamar Os Cariocas para darem uma canja. Porém, ao longo dos anos, o grupo vocal passou por mudanças em sua formação. Daquela tarde em que o Titã invadira o ensaio do conjunto, somente Severino Filho permanecia – Badeco esteve na festa, mas como ex-integrante do grupo. Agora juntavam-se ao maestro no quarteto Eloi Vicente, Neil Carlos Teixeira e Hernane Castro. Ao apresentá-los, Fred contou um pouco das suas décadas de carreira e, obviamente, relembrou a gravação de "Vem cá, menina". Porém, de maneira bem irreverente:

– Os Cariocas tiraram o meu cabacinho musical!

O grupo cantou uma canção do repertório de alguém não menos irreverente, "Descobridor dos sete mares" (Gilson e Michel), de Tim Maia, com o qual haviam gravado um dos seus últimos discos. Depois, mais alguns clássicos da Bossa Nova.

Também se apresentaram Tibério Gaspar, cantando os clássicos de sua parceria com Antonio Adolfo, além de novas composições; Nonato Buzar, demonstrando seu talento como violonista, executando um tema instrumental; o virtuose da guitarra Hélio Delmiro, com a cantora e violinista Célia Vaz; Sanny Alves, dona de uma bela voz, a quem Fred recorria para gravações demo de suas novas composições. O Titã, que estava incontrolável na sua euforia em ver tantos amigos reunidos, também se apresentou tocando algumas das suas músicas. Foi uma noite memorável, mas uma ausência foi notada. Vera não estava ao lado de Fred. Os dois haviam brigado e terminado o namoro.

Nesse período, Lula estava terminando seu mandato. Ele conseguiu diminuir o desemprego, além da dívida externa. Surpreendentemente, sua política econômica não foi revolucionária como aqueles que nele votaram esperavam e os que não votaram temiam. Seu presidente do Banco Central foi o peessedebista Henrique Meirelles, e, para manter o superávit, foram feitos cortes no orçamento. Por outro lado, programas sociais para combater a miséria foram criados, como o Bolsa Família e o Luz para Todos, além do aumento do salário mínimo acima da inflação.

Lula também enfrentou uma grave crise política, quando o deputado Roberto Jefferson, do PTB, acusado de corrupção nos Correios, surgiu com a denúncia de que membros do governo haviam criado um esquema de suborno de deputados visando a aprovação de emendas no Congresso. Houve uma CPI, com a oposição tentando obter seu protagonismo e provocar o fim do seu governo. A grande imprensa noticiava o fato como o maior escândalo de corrupção da República – num lapso de memória, pois foram esquecidos acontecimentos do governo FHC, um deles, a suspeita aprovação da emenda que possibilitou sua reeleição. Mesmo assim, o presidente conseguiu contornar a situação, com a versão de que não tinha conhecimento dos fatos ocorridos. Porém, Lula não se viu livre de baixas – a mais sentida, a do chefe da Casa Civil, José Dirceu, tido como seu virtual sucessor, acusado por Roberto Jefferson de ser o articulador do esquema. Veio a eleição, em 2006, e, mesmo com todo o bombardeio sofrido, Lula foi reeleito no segundo turno, vencendo Geraldo Alckmin, do PSDB, com 60% dos votos.

Assim como houve uma segunda oportunidade de o petista comandar o país, o namoro de Fred e Vera também teve a sua. Os dois reataram e a loura passou a exercer um papel importante em algo que o pernambucano passou a fazer no seu apartamento. Estimulado pela reunião musical em que seu aniversário de 70 anos se tornou, Fred resolveu realizar novos encontros musicais, com sua namorada responsável pelo cardápio e esbanjando simpatia ao recepcionar os convidados. Vera era realmente encantadora, sempre sorridente, atenciosa com todos, além de preparar um estrogonofe que fazia o violonista e compositor Carlos Althier de Souza Lemos Escobar, o Guinga, saborear quatro pratos e brincar, dizendo:

– E ainda vou para a 5ª de Beethoven.

Além de Guinga, apareciam, na Coelho Neto, Pery Ribeiro; o cantor Mauricio Maestro, integrante do grupo vocal Boca Livre; o violonista Chiquito Braga; Severino Filho; o tecladista Alberto Chimelli; o compositor Silvio da Silva Júnior e até o cearense Belchior, que algum tempo depois teria seu paradeiro desconhecido, vagando pelo país, deixando agoniada sua legião de fãs.

O homem de mil talentos, Luiz Carlos Miele, também dava o ar da sua graça; por coincidência, Anita, sua esposa, era uma amiga de longa data de Fred, desde a época em que haviam trabalhado juntos na Secretaria Estadual de Agricultura.

Ver tanta gente que admirava reunida deixava Fred numa agitação só. Ele ia mostrar uma de suas gravações, mas sempre pausava o CD player para fazer observações, fazendo com que uma faixa com duração de três minutos demorasse quase meia hora, e com que Miele, sempre com uma piada na ponta da língua, não perdesse a oportunidade, perguntando:

– Alguém tem aí uma zarabatana?

Mas, além de falar bastante, o Titã também caía em lágrimas ao ouvir Pery Ribeiro com sua bela voz interpretar, acompanhado pelo teclado de Alberto Chimelli, a etérea "Canção que morre no ar" (Roberto Menescal e Ronaldo Bôscoli).

Brinca no ar
Um resto de canção
Um rosto tão sereno
Tão quieto de paixão

Morre no ar
O sempre mesmo adeus
Meus olhos são teus olhos

Para nós, vem
Um mundo sempre amor
O pranto que desliza
No seio de uma flor
Terra-luz, anjo só
Mil carícias você traz
Beijo manso, luz e paz

Mas havia momentos em que a afinação não era condição fundamental para uma apresentação no apartamento do Titã. Certa vez, Miele, acompanhado de outro convidado, o "gente bem" Paulo Fernando Marcondes Ferraz, resolveu aproveitar Alberto Chimelli e, num dueto com Paulo Fernando, cantar "Lígia", de Tom Jobim. Contudo, por culpa da garrafa de Johnny Walker que Fred havia comprado especialmente para ele, que já continha menos da metade da bebida, sua interpretação da bela canção jobiniana ficou limitada ao primeiro verso:

– Eu nunca... Eu... nunca... Lígia, Lígia.

Nos seus 71 anos, Fred deu outra festa com um grande encontro musical. Novamente estavam lá Tibério Gaspar, Severino Filho, Sanny Alves, Miele e novos convidados, como o tecladista Marvio Ciribelli, o violonista Tavynho Bonfá e Normando Santos, um dos integrantes da "turma Bossa Nova" da lendária apresentação no Grupo Universitário Hebraico. Uma das canções interpretadas por Tavynho foi "Batuque no céu", parceria sua com Tibério, uma homenagem a tantos artistas da música brasileira falecidos, que, nos versos do letrista de BR3, sucesso na voz de Tony Tornado, formavam um verdadeiro Olimpo tupiniquim.

O batuque no céu
Tá pra lá de bom
Tem Cartola e Noel,

Tem Pixinguinha e Tom,
Clementina, Ismael,
Simonal e Tim,
No violão Rafael,
Jacob do Bandolim.
Tem ganzá, caxixi, tamborim...

Formação nota dez,
Tem Erlon e Radamés.
Pra dar nó nos quadris
Chama a Elizete e a Elis.
João Nogueira chegou
Com Donga e com Sinhô,
Luiz Eça e Cipó,
Clara Nara e Bororó

Mas nem todo mundo era apreciador da música que se fez no aniversário de Fred – talvez até gostasse, mas só até as 22h. A moradora de um dos apartamentos ligara reclamando do som alto. Após ser comunicado pelo porteiro, Fred foi ao microfone e demonstrou sua revolta para os convidados:
– Ninguém vai cassar o meu direito de me expressar!
Contudo, Vera já havia resolvido o problema usando de sua diplomacia. Para um casal de amigos, explicou seu método:
– A mulher do 40 ligou se queixando do barulho. Dei logo um prato de salgados pra calar a boca.

27. Alçando um novo voo

As reuniões que Fred organizava no seu apartamento, além de deliciarem aqueles que as frequentavam com a possibilidade de ver de perto tantos bons músicos em ação, também despertaram no anfitrião o desejo de voltar à ativa de uma maneira diferente. Dessa vez, em lugar de sair caitituando suas músicas para artistas que nunca davam retorno, resolveu gravar um disco com todos aqueles que admirava. Separou uma parte da sua aposentadoria e investiu na gravação do seu próprio CD.

No primeiro semestre de 2006, gravou no estúdio Drum três canções suas com Marcelo Silva, o samba "Quem dera", com Sanny Alves; a romântica "Memória de nós", com Clarisse Grova, e "Samba iluminado", esta última, a realização de um desejo de 37 anos: finalmente ter uma música sua na voz de Leny Andrade.

Ah se um samba iluminado
Me saltasse do teclado
E virasse melodia

Ah se um gato vagabundo
Me ensinasse um outro mundo
Sem tanta melancolia

Eu instigado pela noite
Naufragava no teu corpo
Afundava e não morria

Ah se um caderno já rasgado
Caísse em minhas mãos
Coberto de poesia

Eu sopraria o pó do tempo
Nas dobras dos seus encantos
Na raiz dos seus temores
No frio dos seus tremores
No gosto dos seus licores
Na lista dos seus amores
Eu rabiscava o seu nome

O pianista e arranjador Luiz Avellar, com trabalhos com nomes como Gal Costa e Milton Nascimento, foi o responsável pelos belos arranjos das três canções, que contaram com Avellar no piano e no teclado, Bernardo Bosísio na guitarra, Jorge Helder no baixo e Rafael Barata na bateria. Fred ficou numa alegria só com o resultado, assinando os cheques com a maior satisfação.

O que também vinha provocando muitos sorrisos em Fred era ver sua enteada Carolina todos os domingos na televisão. Desde 2006, a bela moça de traços orientais exibia seu talento, fruto dos anos de estudo no balé, como Carol Nakamura, uma das integrantes do time de bailarinas do *Domingão do Faustão*, o programa de variedades da Rede Globo líder de audiência do apresentador Fausto Silva.

Após um hiato de dois anos, em 2008, Fred retomou o trabalho no disco que pretendia lançar. Aproveitando a vinda de César Camargo Mariano ao Brasil – o músico morava havia tempos nos Estados Unidos – para uma turnê, o Titã reencontrou o amigo e lhe fez um pedido. Queria que ele fizesse o arranjo de um tema que havia criado, chamado "Ainda te amando". Pagamento em dólar acertado, em junho, a base criada por César no estúdio que tinha em sua casa em New Jersey lhe foi entregue. O próximo passo foi no mês seguinte, no estúdio Jaula do Leão, do tecladista Ricardo Leão, gravar com Maurício Einhorn e sua preciosa harmônica.

Também em junho de 2008, no estúdio Corredor 5, Fred levou Sanny Alves e Guinga para gravar a romântica "Céu de brilhante", sua parceria com Andréa Barros, a qual havia conhecido quando trabalhava como recepcionista no estúdio Mills Records, em Santa Tereza. Andréa lhe mostrou alguns dos poemas que escrevera e Fred acabou escolhendo aquele que se tornou a letra da canção.

A bela voz de Sanny foi precedida por mais uma inspirada introdução de Guinga, cujo violão, único acompanhamento da cantora, valia por toda uma orquestra.

*Quando
Teus olhos me falam
Coisas
Que a boca não diz*

*Longe
Num céu de brilhante
Facas faíscam no ar
No ar*

Agora contava com cinco canções para o seu tão sonhado disco. Mas, antes de dar prosseguimento a ele, por intermédio de Ricardo Cravo Albin, Frederico travou contato com Remo Usai, o mais importante compositor de trilhas sonoras do cinema nacional, entre elas, a do filme *Assalto ao trem pagador*, de Roberto Faria. Remo tinha um tema instrumental que havia feito para sua esposa e que, em 1967, fizera parte da trilha que ele compôs para o filme *Férias no Sul*, do diretor Reynaldo Paes de Barros. Cravo Albin ouviu e achou que Fred poderia fazer a letra, a qual ele apresentaria à direção do Aeroporto Internacional Tom Jobim, sugerindo que a adotassem como seu hino. Depois de alguns dias de trabalho, o Titã cantarolou a letra para Ricardo:

*Sobre o céu um mar de algodão
Vejo a luz do sol num clarão
Penetrando as nuvens segue o avião
Como é linda a visão do meu Rio*

*E o sol vai beijando as montanhas
E o verde abraça o azul
Água brilhando
A pista chegando
Aeroporto Tom Jobim*

*Caminhando eu sigo o roteiro
Como é lindo meu Rio de Janeiro
Pão de Açúcar ao fundo
Corcovado, Redentor
E a praia do Arpoador*

> *Em Ipanema, Leblon, desfilando*
> *A garota a caminho do mar*
> *Vinicius falou*
> *O Tom aprovou*
> *Felicidade é aqui*

Assim como Tom Jobim na letra de Fred, Ricardo também aprovou o resultado apresentado pelo amigo, e a notícia da parceria do pernambucano com Remo Usai saiu em uma nota na coluna "Gente Boa", do jornal *O Globo*. Semanas depois, logo após ter concluído a gravação de "Ainda te amando", o Titã ofereceu mais um de seus saraus, dessa vez, tendo como convidado o jornalista Joaquim Ferreira dos Santos, o responsável pela coluna na qual foi noticiado o seu "Tema do aeroporto".

Naquela noite de julho, Fred estava com sua habitual excitação quintuplicada. Ele ajeitava as cadeiras para acomodar os convidados, vistoriava a cozinha e ainda dava atenção para uma hóspede importante: Claudya – agora grafando seu nome de outra maneira. A cantora, com a qual "Natal de nós dois" havia sido a vencedora do festival de músicas natalinas da TV Tupi, viera de São Paulo a convite do Titã, para interpretar uma das canções do seu CD.

Lá pelas nove da noite, o apartamento da Coelho Neto já estava abarrotado. Ele não era tão espaçoso como o do dr. Jairo Leão, onde sua filha Nara reunia os amigos da Turma da Bossa Nova, mas deu para acomodar todo mundo. E não era pouca gente: Guinga estava novamente por lá, assim como Pery Ribeiro, o violonista Chiquito Braga, o casal Marcio Ramos e Ana Maria Antoun (Ramos foi o primeiro parceiro musical de Guinga), Ricardo Cravo Albin, Sanny Alves, a já citada Claudya, o tecladista Ricardo Leão, Remo Usai com a esposa, Tonia, e a neta. Joaquim Ferreira foi com a namorada, Lilian, além de levar a repórter da coluna "Gente Boa", Maria Fortuna, e o fotógrafo, para fazer uma matéria sobre a reunião musical.

As apresentações começaram com Guinga executando um tema instrumental no violão de Fred, um daqueles elétricos modernos, sem caixa acústica, um Yamaha Silent Nylon, que o anfitrião, de tão entusiasmado, chegou a perguntar se o seu convidado queria como presente. Mas, sem querer se aproveitar da generosidade de Fred, Guinga recusou.

Logo depois, foi a vez de Claudya mostrar o motivo de ter acumulado tantos prêmios de melhor intérprete em festivais. Ela interpretou a dificílima

"Bala com bala", de João Bosco e Aldir Blanc, com toda a segurança de quem estava na estrada desde a adolescência.

> *A sala cala e o jornal prepara quem está na sala*
> *Com pipoca e com bala e o urubu sai voando, manso*
> *O tempo corre e o suor escorre, vem alguém de porre*
> *Há um corre-corre, e o mocinho chegando, dando.*

Na sua vez, Pery Ribeiro atendeu a mais um pedido de Fred. Acompanhado pelo mágico violão de Chiquito Braga, interpretou "Segredo", composição de seu pai, Herivelto Martins, em parceria com Marino Pinto, um dos grandes sucessos de Dalva de Oliveira, sua mãe.

> *Seu mal é comentar o passado*
> *Ninguém precisa saber*
> *O que houve entre nós dois*
> *O peixe é pro fundo das redes*
> *Segredo é pra quatro paredes*
> *Não deixe que males pequeninos*
> *Venham transtornar os nossos destinos*
> *O peixe é pro fundo das redes*
> *Segredo é pra quatro paredes*
> *Primeiro é preciso julgar*
> *Pra depois condenar*

Essa confluência musical de Pery com os pais resultou em um momento daqueles que quem testemunhou passou a citar sempre que estivesse em uma roda de amigos e o assunto fosse música e seus melhores intérpretes.

Mas nem só de belas apresentações a noite no apartamento de Fred foi feita. Além de excelente tecladista e proprietário do estúdio Jaula do Leão, Ricardo Leão também era diretor musical do programa *Som Brasil*, atração exibida na Rede Globo. No programa, a cada mês um grande nome da MPB era homenageado, tendo sua obra interpretada por artistas da nova geração. Isso foi o que deu início aos protestos de Pery e Claudya, que, embora estivessem em plena atividade, não eram lembrados pela mídia como mereciam. Os dois questionaram Ricardo, que explicou a proposta do programa e o fato de ser diretor musical, e não o responsável pela escalação dos artistas convidados. A conversa terminou numa já tradicional discussão sobre os caminhos da música popular brasileira e a queda de qualidade dela.

Após o debate, a música voltou. E foi o momento de Fred ir para o seu teclado Kürzweil tocar algumas das suas canções. Obviamente, não poderiam faltar "Namorada" e "Shirley Sexy". Mas também houve uma novidade, "Regressiva", um samba bem bossa-nova, cuja letra, também de sua autoria, era uma retrospectiva de tudo o que o Titã vivera.

> *Rondo a minha infância*
> *E volto*
> *Vejo a minha rua antiga*
> *Minha escola*
> *Vou mais longe*
> *A primeira*
> *Namorada*
> *Vou*
>
> *As imagens num instante*
> *Se transformam em quase nada*
> *Eu volto*
> *No tempo e no espaço*
> *Aperto você num abraço*
> *Penso*
> *Que tudo está perto de mim*
> *Choro e nada eu encontro*
> *Sofro*
> *O passado está morto*
> *Abro*
> *Os olhos e vejo você*

Fred terminava a canção trazendo de volta o "Fred Bebop" dos tempos do Copa Golf, fazendo vocalizes como se estivesse incorporando o ídolo norte-americano Cab Calloway. Sua interpretação acabou agradando até a um pequeno fã, o filho de 10 anos de um dos convidados, que lhe entregou um desenho seu dedilhando o teclado com a mensagem:

Você toca demais, Fred Falcão.

Para encerrar o encontro, Fred colocou o CD no qual havia gravado sua parceria com Remo Usai, o seu "Tema do aeroporto". Ele tentou esperar os convidados fazerem silêncio, mas a agitação era tanta que terminou por aceitar o conselho de um amigo e tocou o disco assim mesmo. A gravação trazia Fred cantando acompanhado pelo teclado de Gilson Peranzzetta, o qual iria fazer os arranjos para as músicas do seu próximo CD.

A música agradou, mas Pery sugeriu uma modificação na letra – disse que o verso "o Tom aprovou" poderia ter o nome do compositor substituído por "o povo", mas Fred achou que perderia o sentido retirar justamente aquele que dava nome ao aeroporto do qual a canção se tornaria o hino. A noite terminou e algumas semanas depois, no dia 4 de agosto, a "Gente Boa" publicou uma bela matéria sobre a moda dos saraus musicais na noite carioca. Mostrava os artistas que frequentavam a casa do cantor Jorge Vercillo e também o apartamento de Fred Falcão. Voltar a aparecer na imprensa deixou Fred bastante esperançoso de que isso fosse ajudar no momento de lançar seu CD.

28 As músicas que faltavam

Novembro começou decepcionante para Fred. Já tendo como certa sua parceria com Remo Usai transformada em hino do Aeroporto Internacional Tom Jobim, recebeu um balde de água fria do compositor. Remo desistiu de ter seu tema com letra; alegou que era uma composição muito cara a ele, uma vez que havia sido feita em homenagem à sua esposa. Fred foi por vários dias o retrato da decepção. Em mais uma reunião no apartamento da Rua Coelho Neto, revelou o que havia acontecido, praguejando a despesa que havia tido com a gravação, já que precisou pagar Gilson Peranzzetta, além do que considerava falta de senso de oportunidade de Usai, que não fazia muito tempo havia aparecido nas páginas de *O Globo* revelando dificuldades em razão da falta de convites para novos trabalhos. Ter a canção lançada poderia significar uma porta para o maestro sair desse período ruim. Porém, Remo preferiu mantê-la fechada.

Para afastar essa sensação de derrota, Fred começou uma maratona musical em Santa Tereza, no estúdio Tenda da Raposa; iria concluir seu CD. Faltava gravar oito músicas, e, para isso, o Titã arregimentou um time e tanto: Os Cariocas, Boca Livre, Claudya, José Luiz Mazziotti, Pery Ribeiro, Kay Lyra, Marcos Sacramento e o quarteto Chicas.

O grupo vocal capitaneado pelo maestro Severino Filho ficou responsável por gravar "Regressiva"; já o Boca Livre veio com uma nova versão para "Lourinha"; Pery e Kay interpretaram "Namorada", dessa vez num andamento mais lento que o da gravação original, com Vanusa e Antônio Marcos.

José Luiz Mazziotti, juntamente com Pery Ribeiro e Emílio Santiago – este, um dos três cantores favoritos de Fred –, gravou "Jura". Gilson Peranzzetta, responsável pelos arranjos de todas as canções gravadas na Tenda da Raposa – exceção para "Regressiva", a cargo do carioca Eloi Vicente, "Lourinha", por Maurício Maestro, e "Shirley Sexy", pelo próprio Chicas –, também tocou piano e acordeão no bolero, que ainda contou com o sax de Mauro Senise, a guitarra de Chiquito Braga, Zeca Assumpção no baixo e João Cortez na bateria. Peranzzetta, que em 1993 havia feito os arranjos do elogiado disco *Bolero*, de Nana Caymmi, não economizou talento e inspiração para o tema de Fred composto para Vera.

Formado por Amora Pêra, Fernanda Gonzaga, Isadora Medella e Paula Leal – as duas primeiras, filhas de Gonzaguinha –, o Chicas interpretou "Shirley Sexy". Além de ser filha do compositor de "Explode coração", Amora tinha Sandra Pêra como mãe, cantora do grupo "As Frenéticas" e irmã de Marília Pêra, a própria Shirley Sexy. Para Fred, ter no seu disco uma nova versão do seu sucesso na voz da sobrinha da sua primeira intérprete daria um toque todo especial à obra. Ele foi falar com as cantoras e, para sua alegria, Amora lhe revelou que "Shirley Sexy" era uma de suas canções favoritas.

Com um arranjo criado pelas quatro "chicas", a salsa composta por Fred e Arnoldo ganhou mais peso. Havia na bateria de Cassius Theperson tambores de maracatu, e a guitarra rocker de Carlos Bernardo deixou o clássico falconiano pulsante e repleto de modernidade, demonstrando que a canção composta havia mais de quatro décadas, mesmo tendo na letra de Arnoldo itens que ficaram no passado, como o taquígrafo, chegava ao terceiro milênio sem cair no anacronismo.

Mas nem só de regravações foi feito esse período conclusivo de gravações. Também havia canções inéditas. Cantando tudo e muito mais, Claudya gravou "Jam session", uma homenagem de Fred e Carlos Costa aos ídolos do jazz e da Bossa Nova.

> *Som de trompete toca o Chet*
> *Baker de repente vocaliza um scat*
> *Numa jam session mais um tiete*
> *João Gilberto aparece*
> *Depois Bluesette toca o Toots*
> *Tudo o que o Maurício Einhorn curte no mestre*
> *Como num break do Art Blakey*
> *Diz o que me Dizzy Gilespie*

Também com Carlos Costa, Fred compôs "Radamestre", uma ode ao lendário maestro Radamés Gnatalli, o qual Fred, aos 10 anos, levado por Voleid, viu se apresentando com seu quinteto na Rádio Nacional. A letra foi feita no apartamento da Coelho Neto, com o Titã tentando puxar pela memória e transmitir para Carlos aquele momento mágico de sua infância diante do ídolo. Dessa vez, o próprio Fred ficou responsável pelos vocais do choro em parceria com Carlos Costa.

> *Sinto Radamestre*
> *Tão misterioso*
> *Ao tocar um choro*
> *Triste e amoroso*
>
> *Inventor de orquestra*
> *Transgressor maestro*
> *Versejando em notas minha dor*

Com letra e música do próprio Fred, "A cidade da seresta" era uma canção sobre Conservatória, distrito do município de Valença, no estado do Rio de Janeiro, famosa por suas reuniões musicais sob o céu estrelado. Depois de uma visita, o Titã chegou em casa e começou a trabalhar na música. Por sugestão do dono da Tenda da Raposa, o Titã chamou Marcos Sacramento, cantor sobre o qual o jornalista Ruy Castro afirmou: "Não há nada que ele não possa cantar. Seu domínio é absoluto quando solta a voz e, se quiser, se adianta e se atrasa, faz recitativo ou breque, muda de tom no meio de uma palavra e aterrissa com perfeição na última sílaba, tudo isso com o maior balanço. Não é apenas um sambista perfeito, mas um cantor completo. [...] Não há muita gente por aí capaz dessas proezas". Com tantas boas referências, não tinha como dar errado. E realmente não deu, pois Marcos saiu-se com uma interpretação de deixar Sílvio Caldas e Carlos Galhardo orgulhosos, mas com muita personalidade.

> *Conservatória*
> *Guardo ainda na memória*
> *Onde se conserva a história*
> *Da seresta e do luar*
> *Os trovadores*
> *Vão cantando na calçada*
> *Conquistando mil amores*
> *Despertando a namorada*

Fred também interpretou "Jogo do amor", mais uma parceria com Marcelo Silva, em que a primeira estrofe da letra era sua.

Entrei no campo da vida
Vestindo a camisa da cor do amor
Para ganhar a partida, renhida
Contra o time da dor

No meio dessa peleja
Talvez você veja
A minha fraqueza
Talvez com franqueza
Você se acostume
A ter a certeza
Que eu sou perdedor
No jogo do amor

Para arrematar o disco, Frederico pretendia inserir uma faixa bônus. Era uma gravação para lá de especial, realizada havia alguns anos, mais precisamente em fevereiro de 2000, "Tia Ciata", parceria de Fred com Joel Menezes, letrista parceiro de nomes como Noca da Portela e Roberto Ribeiro, com o qual o Titã também fizera o samba "Se mandou". A canção, que recebeu o nome da dona do local no qual as primeiras reuniões do que viria a ser o samba foram realizadas, era um retrato desses tempos pioneiros da vida boêmia carioca. Ao compor a canção, o Titã a imaginava na voz de um único intérprete: João Nogueira. Colocando novamente sua cabeça de caitituador para funcionar, conseguiu com Nonato Buzar o telefone do autor de "Nó na madeira" e marcou uma visita na casa do cantor, na Barra da Tijuca, para mostrar sua "Tia Ciata". Foi recebido por João, sua esposa, Ângela, e um dos filhos do casal, Diogo, um rapaz de 18 anos, nascido e criado no meio musical, mas que por desejo do pai estava tentando a carreira como jogador de futebol.

João gostou da canção de Fred e Joel e topou gravar. Fred gravou a base, seu teclado, no estúdio Síncope, no bairro da Glória. Já a voz, João registrou em Copacabana, no estúdio 45. No dia 20 de fevereiro de 2000, ele chegou ao local acompanhado de Ângela e, na terceira tentativa, entregou a versão definitiva. Infelizmente, "Tia Ciata" seria o primeiro e único trabalho de Fred gravado por Nogueira, pois, poucos meses depois, no dia 5 de junho de 2000, ele faleceria, vítima de um enfarte, quando ainda se recuperava de um AVC sofrido dois meses antes. No futuro, seu filho Diogo abandonaria o futebol e seguiria com sucesso a carreira do pai.

A gravação de "Tia Ciata" acabou chegando ao conhecimento do jornalista Roberto M. Moura, que preparava a tese "No princípio era a roda – um estudo sobre samba, partido-alto e outros pagodes". Ele telefonou para Fred, que ainda morava no apartamento da Rua Dois de Dezembro, perguntando se poderia ouvir a canção, que permanecia inédita. O Titã recebeu de bom grado a visita do estudioso e lhe mostrou a preciosa gravação.

Quando o surdo sorria
Todo mundo vinha pra sambar
Numa casa, uma tia
Fez o samba ter o seu lugar

Surgia um cavaco vadio
Que um peito abraçava
E o samba rolava macio
Causando arrepio em quem escutava

E no lume da lua, quando o céu já descansava
Lá no meio da rua a cidade se enfeitava

E a Praça Onze sambava na ginga da linda mulata
Que tinha o corpo de bronze e o sorriso de prata

Hoje a vida já não traz aquele sabor
Os bons tempos não vêm mais
Quando a saudade é ingrata, lembro da Tia Ciata
Canto um samba em seu louvor

O pesquisador musical gostou tanto do samba de Fred e Joel Menezes que transcreveu a letra no livro no qual transformou seu trabalho. Em fevereiro de 2005, quando finalmente o publicou, enviou um exemplar para Fred.

Mas, voltando ao CD de Fred, agora ele estava finalmente concluído. Entretanto, o trabalho não havia terminado. Agora ele entrava numa fase tão complicada quanto ter conseguido reunir tantos artistas para gravar suas composições. O Titã deveria sair em buscar de uma gravadora que topasse lançar sua obra.

29 O molotov musical

Lula conseguiu lidar com a crise do "mensalão" e tocar seu segundo mandato, saindo em janeiro de 2011 com 83% de aprovação. Mais do que isso, conseguiu eleger seu sucessor, ou melhor, sucessora, Dilma Vana Rousseff, sua ex-ministra das Minas e Energia, a chefe da Casa Civil que substituiu José Dirceu nos dias de maior dificuldade do seu primeiro mandato. A primeira mulher a assumir a Presidência do Brasil encontrou um país com economia estável, com 5% de desemprego, que conseguira passar bem por mais uma crise internacional. Mas, em seu governo, Dilma, que havia participado da luta armada contra a ditadura, teria muitas batalhas para serem travadas contra uma oposição a cada dia mais irascível, a qual não sentiria nenhum constrangimento em apelar até para expedientes machistas.

Com relação a Fred e seu CD, o pernambucano também tinha suas pelejas. Ele saiu em campo em busca de uma gravadora disposta a lançar o trabalho ao qual se dedicara durante tantos anos. Tentava um contato daqui e outro dali, recebia promessas de que ouviriam seu material, mas nada acontecia. Até encontrar a Sala de Som Records, pela qual, arcando com os custos, no primeiro semestre de 2011, lançou *Voando na canção*, título que escolheu para o CD, uma alusão ao seu sobrenome. O *release* escrito pelo crítico musical Tárik de Souza dizia:

Como nosso glorioso futebol, a – não menos – MPB é uma caixinha de surpresas. De lá pode surgir, súbito, um grande compositor, de alto refinamento e diversidade estética como o pernambucano Fred Falcão (Frederico Guilherme do Rego Falcão, Recife, 24/04/1937), cujo nome é muito menos familiar do que deveria ser, pela excelência do seu trabalho. Seu disco "Voando na canção" (Sala de Som) condensa uma coleção de composições mais conhecidas e uma maioria de inéditas – todas de apurado refino.

Carol, cuja popularidade no *Domingão do Faustão* andava cada vez maior, agora conseguindo mais destaque entrevistando a plateia, presenteou seu chefe com um exemplar do disco do padrasto. No domingo seguinte, Fausto Silva aparecia no seu programa segurando o *Voando na canção* e tecendo uma série de elogios ao trabalho do compositor.

Esse empurrão da mídia aumentou o entusiasmo do Titã para a grande festa de lançamento do seu CD que preparou. Ele conseguiu uma vaga na Sala Baden Powell, o antigo cinema Ricamar, transformado em espaço cultural pela prefeitura, que abrigava espetáculos musicais e peças de teatro. No dia 15 de maio de 2011, Fred fez o seu show celebração, que contou com Miele como mestre de cerimônia.

O show contava com um quinteto liderado pelo pianista Fernando Merlino, com seu filho, Júlio, no sax e na flauta; Herivelton Silva na bateria, José Arimateia no trompete e o mestre das quatro cordas, membro original da cultuada Banda Black Rio, Jamil Joanes, no baixo. Merlino também era o responsável pelos arranjos das músicas naquela noite.

Houve algumas mudanças no time de intérpretes do show em comparação com o CD. Depois de se apresentar com Kay Lyra cantando "Namorada", Pery Ribeiro permaneceu no palco da casa da Avenida Copacabana para interpretar "Jura", no lugar de José Luiz Mazziotti. Maurício Maestro foi o representante do Boca Livre na interpretação de "Lourinha", e Eloi Vicente foi o representante de Os Cariocas em "Regressiva". Claudya também não esteve na Sala Baden Powell, mas a "Jam session" de Fred e Carlos Costa contou com uma substituta à altura para interpretá-la: Thaís Motta, jovem cantora que, juntamente com o virtuose dos teclados Marvio Ciribelli, com quem mantinha uma parceria musical, também era frequentadora dos saraus da Rua Coelho Neto. Além de interpretar "Quem dera", Sanny Alves cantou "Céu de brilhante", mas, no lugar de Guinga, contou com Hélio Delmiro.

Thaís Motta voltou ao palco, dessa vez, acompanhada do parceiro Marvio Ciribelli. Os dois iam interpretar "Modern Sound", mais uma parceria de Fred com Carlos Costa, uma homenagem à tradicional loja de discos de Copacabana. Originalmente, a ideia era que a composição fosse usada como um *jingle* que promovesse o estabelecimento. Porém, a crise no mercado fonográfico, com cada vez menos gente comprando CDs e DVDs, fez com que depois de 44 anos de atividade a loja do senhor Pedro Passos encerrasse suas atividades, ficando a composição de Falcão e Costa como registro nostálgico de mais um templo musical carioca perdido.

Lá em Copa, na Modern Sound escutei
Johnny it's not for me to say

> *Queen, Elis, Quincy Jones*
> *Ivan Lins, Rolling Stones*
> *Elton John, Lennon, Marvin Gaye*
>
> *Alfie, Burt Bacharach*
> *Logo imaginei Mel Tormé*
> *Swingle Singers no vocal, Frank in night and day*
> *Princesinha do mar musical*
>
> *Johnny Alf é só olhar*
> *Dick, Lúcio pra escutar*
> *Oceano Bulevar leva o som*
> *Leme, Lido, love, Leblon*
>
> *Duke Ellington, Ella, Bil Evans, Ray Charles*
> *John Coltrane, Thelonius, Milles*
> *DVD ou CD, Jazz, MPB*
> *Você encontra na Modern Sound*
> *Qualquer canção*
> *No piano ou violão*
> *Você encontra na Modern Sound*

Coube à potiguar Liz Rosa substituir o Chicas no momento da apresentação de "Shirley Sexy". A versátil cantora, que transitava com desenvoltura pelo choro, forró e samba-jazz, interpretou com muita personalidade a canção, que ainda contou com uma alteração num dos versos, a cargo de Fred, que resolveu atualizar a tecnologia na letra, substituindo o taquígrafo pela rede mundial de computadores:

> *Eu ando digitando*
> *Pela internet de e-mail eu vou*

Quando chegou o momento em que Fred foi chamado ao palco por Miele, o Titã surgiu em êxtase, distribuindo beijos e sorrisos para a plateia – aquela era a sua tão aguardada noite. Ele, que ia cantar "Jogo do amor" e "Radamestre", as canções que interpretava no *Voando na canção*, contou para o público a origem das duas e encerrou sua fala dizendo, com a sua verve de advogado:

– A melhor coisa do mundo, mais do que dinheiro, é a amizade, e isso eu consegui amealhar ao longo da minha vida.

A noite ainda teve Márcio Gomes, cantor apaixonado pela era de ouro do rádio brasileiro, com nomes como Francisco Alves, Dalva de Oliveira e Orlando Silva, uma excelente escolha para substituir Marcos Sacramento em "A cidade da seresta", e o cantor e compositor João Pinheiro, com "Tia Ciata". O encerramento foi com Leny Andrade e o "Samba iluminado". Nesse momento, todos os artistas subiram ao palco numa grande confraternização, e Fred, reverenciando a grande dama do samba-jazz, ajoelhou-se e beijou sua mão. A respeito dele, Leny comentou com a plateia:

– Ele é assim mesmo, não reparem, ele é uma bomba molotov 24 horas por dia. É talento.

Uma alucinação

Ter lançado *Voando na canção* deixou Fred com vontade de colocar mais discos na praça. Em 2014, lançou *Nas asas dos bordões*, dessa vez somente com músicas inéditas, interpretadas por ele e Thaís Motta. Mais uma vez, celebrou o acontecimento com show na sala Baden Powell, apresentado por Miele.

No ano seguinte, no dia 27 de agosto, Fred estava de volta à Baden Powell, para lançar *Premonições*, disco em que Clarisse Grova divide com ele os vocais, tendo também Cláudio Nucci na faixa "Velho algodão", uma homenagem do pernambucano e Carlos Costa a Dorival Caymmi.

Cheguei no Rio bem moço
Atrás do meu sonho, com meu violão
Trazendo o mar da Bahia
Na minha bagagem, no meu coração

Em 2010, Fred tornou-se conselheiro da União Brasileira de Compositores (UBC), por intermédio de Edson Menezes, juntamente com Alberto Paz, autor de "Deixa isso pra lá", grande sucesso na voz de Jair Rodrigues. Edson convidou o Titã para integrar uma chapa que disputaria as próximas eleições, mas que, na ausência de outra candidatura, saiu-se automaticamente vitoriosa, num bem-vindo WO.

Na UBC, sempre com seu jeito bem falante, Fred logo se tornou amigo de todos os seus colegas do conselho. Para um deles, o poeta Antonio Cicero, letrista de grandes sucessos em parceria com a irmã, a cantora Marina Lima, além de nomes como Lulu Santos, Adriana Calcanhotto e João Bosco, o Titã mostrou uma melodia que havia acabado de compor. Ao perceber que o ouvinte havia gostado, Fred perguntou:

– Você quer letrar?

Alguns dias depois, estava pronta a parceria de Fred Falcão com Antonio Cicero, a bossa "Até o céu".

> *Ontem eu*
> *Nos braços seus*
> *Fui até o céu*
> *Mas o céu se escondeu*
> *Quando amanheceu*
> *Mas eu vi*
> *Eu senti*
> *Eu provei*
> *Eu peguei*
> *Fui até o céu humano*
> *Feito de carne e ardor*
> *Foi um prazer insano*
> *Pleno e completo amor*
> *Ontem eu*
> *Nos braços seus*
> *Conheci o céu*

Em 2015, Dilma Rousseff, que havia sido reeleita, atravessava sérias dificuldades. Com a Câmara presidida e dominada pelo peemedebista Eduardo Cunha, se via impedida de governar, tendo de lidar com medidas aprovadas pelos deputados que causavam prejuízo aos cofres públicos, as chamadas "pautas-bomba". Além disso, era mais do que perceptível uma movimentação visando seu *impeachment*.

Mas, como de costume, Fred mantinha-se alheio a tudo isso. Sua ocupação, no momento, era ler e reler a nota publicada no dia 29 de setembro de 2015, na coluna do jornalista Ancelmo Gois, informando que no dia 9 de outubro Leny Andrade iria lançar no Lincoln Center, em Nova York, um CD com o guitarrista israelense Roni Ben-Hur, o qual tinha como faixa de abertura o "Samba iluminado".

Animado com sua música no disco de Leny com o israelense, Fred sondou a cantora sobre a possibilidade de gravar um CD somente com as composições dele, algo com que ela concordou. Em 2017, a dama do samba-jazz começou a gravar *Bossa nossa – Leny Andrade canta Fred Falcão*, contando com o baixista Jorge Helder, o violonista Lula Galvão, o baterista Rafael Barata e Marcelo Costa na percussão.

Um tempo de incerteza é vivido no país. Dilma terminou deposta em agosto de 2016, assumindo o poder seu vice-presidente, o peemedebista Michel Temer, que deveria respeitar o programa de governo defendido durante a campanha eleitoral, mas, aliado aos partidos adversários, colocou em prática uma agenda oposta. Em 7 de abril de 2018, em um processo relâmpago e com ausência de provas, que levava à suspeita de uma manobra para impedi-lo de concorrer nas eleições presidenciais – nas quais aparecia em todas as pesquisas vencendo já no primeiro turno –, Lula foi preso. O vencedor da eleição foi Jair Bolsonaro – um militar do Exército colocado na reserva como capitão após atos de indisciplina –, que, eleito deputado federal, fez da política um ganha-pão. Admirador da ditadura e da tortura, sem jamais ter demonstrado o menor apreço por manifestações culturais, assumiu em janeiro de 2019. Seu governo é marcado por escândalos diários e retrocessos. Sérgio Fernando Moro, o juiz que levou Lula à prisão, foi nomeado ministro da Justiça.

Entretanto, se para muitos se torna difícil manter a esperança, para Fred ela permanece bem viva. Ansioso como de costume, conta os dias para o lançamento de seu disco, num show na casa Blue Note, em Ipanema. Aposentado e com cinco netos – Flávia é mãe das meninas Clara, Elisa e Júlia, e Frederico, dos meninos Francesco e Pietro –, o Titã poderia investir seus vencimentos em outras prioridades, mas seria desejar o impossível. Ele não desiste do sonho de ter sua música cantarolada em todos os lugares. Continua compondo mais e mais e planejando a gravação de novos discos.

Em novembro de 1969, quando começava a despontar nos festivais universitários da TV Tupi, Fred foi entrevistado pelo jornalista e também compositor Sérgio Bittencourt, num bar nos arredores da emissora da Urca. No dia 11, na sua coluna "Rio à Noite", Sérgio publicou o seu papo com o autor de "Minha Marisa". No texto, reconhecia o talento do Titã e encerrava com um questionamento:

Mas será que Fred Falcão existe mesmo? Ou terá sido tudo isso mais uma alucinação característica das grandes metrópoles?

Referências bibliográficas

ALEXANDRE, Ricardo. *Nem vem que não tem*: a vida e o veneno de Wilson Simonal. São Paulo: Globo, 2009.
CASTELLO, José. *Vinicius de Moraes, o poeta da paixão*. São Paulo: Companhia das Letras, 1994.
CASTRO, Ruy. *Chega de saudade*: a história e as histórias da Bossa Nova. São Paulo: Companhia das Letras, 1990.
CASTRO, Ruy. *Ela é carioca*. São Paulo: Companhia das Letras,1999.
ECHEVERRIA, Regina. *Furacão Elis*. São Paulo: Globo, 1994.
FONTE, Bruna. *O barquinho vai*. Rio de Janeiro: Irmãos Vitale, 2010.
LIRA NETO. *Maysa*: só numa multidão de amores. São Paulo: Globo, 2007.
MELLO, Zuza Homem de. *A era dos festivais*: uma parábola. São Paulo: Editora 34, 2003.
MELLO, Zuza Homem de. *Eis aqui os bossa-nova*. Rio de Janeiro: Martins Fontes, 2008.
MIELE, Luiz Carlos. *Poeira de estrelas*: histórias de boemia, humor e música. Rio de Janeiro: Ediouro, 2004.
MONTEIRO, Denilson. *Dez, nota dez!* Eu sou Carlos Imperial. 2. ed. São Paulo: Planeta, 2015.
MONTEIRO, Denilson. *Chacrinha, a biografia*. Rio de Janeiro: Casa da Palavra, 2014.
MOTTA, Nelson. *Noites tropicais*: improvisos e memórias musicais. Rio de Janeiro: Objetiva, 2000.
MOURA, Roberto M. *No princípio, era a roda*. Rio de Janeiro: Rocco, 2004.
REDE GLOBO. *Dicionário da TV Globo*: Programas de Dramaturgia & Entretenimento. Rio de Janeiro: Jorge Zahar, 2003. v. 1.
VELOSO, Caetano. *Verdade tropical*. São Paulo: Companhia das Letras, 1997.

Jornais
Correio da Manhã (Rio de Janeiro)
Diário de Notícias (Rio de Janeiro)
Diário da Noite (Rio de Janeiro)

Diário Carioca (Rio de Janeiro)
Folha de S. Paulo (São Paulo)
Jornal do Brasil (Rio de Janeiro)
O Fluminense (Rio de Janeiro)
Jornal dos Sports (Rio de Janeiro)
Jornal do Commercio (Rio de Janeiro)
A Luta Democrática (Rio de Janeiro)
O Dia (Rio de Janeiro)
O Estado de S. Paulo (São Paulo)
O Globo (Rio de Janeiro)
O Jornal (Rio de Janeiro)
O Pasquim (Rio de Janeiro)
Última Hora (Rio de Janeiro)
Tribuna da Imprensa (Rio de Janeiro)
Folha Carioca (Rio de Janeiro)

Revistas
Amiga (Rio de Janeiro)
Fatos & Fotos (Rio de Janeiro)
Intervalo (São Paulo)
IstoÉ (São Paulo)
A Cigarra (São Paulo)
Revista do Rádio (Rio de Janeiro)
O Cruzeiro (Rio de Janeiro)
Manchete (Rio de Janeiro)
Veja (São Paulo)
Sétimo Céu (Rio de Janeiro)
Opinião (Rio de Janeiro)
Brasileiros (São Paulo) – O Embalo Trágico de Tenório Jr., por Marcelo Pinheiro.

Internet
Dicionário Cravo Albin da Música Popular Brasileira –http://www.dicionariompb.com.br
CliqueMusic: a música brasileira está aqui – http://cliquemusic.uol.com.br
Internet Movie Database – http://imdb.com
Biblioteca Nacional – bn.br
https://viajantesolo.com.br/chile/vina-del-mar/vina-del-mar-quinta-vergara-e-seus-jardins-encantadores